俄语系列图书

# 最简 俄语
## 日常会话

| | |
|---|---|
| 主　　编 | 陈国亭　曹艳伟 |
| 副 主 编 | 刘冰玉　程海东　吴亚男 |
| 参编人员 | （以下按姓氏笔划排序） |
| | 刘冰玉　吴亚男　陈国亭　周帅　曹艳伟　程海东　董丹 |
| 俄文校对 | Елена Сергеевна Микитченко　Сергей Викторович Белкин |
| 灌　　音 | Сергей Викторович Белкин　Елена Сергеевна Микитченко |

哈尔滨工业大学出版社

图书在版编目(CIP)数据

最简俄语日常会话/陈国亭主编. —哈尔滨:哈尔滨工业大学出版社,2014.6
ISBN 978-7-5603-4709-7

Ⅰ.①俄… Ⅱ.①陈… Ⅲ.①俄语-口语
Ⅳ.①H359.9

中国版本图书馆 CIP 数据核字(2014)第 093556 号

| | |
|---|---|
| 责任编辑 | 甄淼淼 |
| 封面设计 | 刘长友 |
| 出版发行 | 哈尔滨工业大学出版社 |
| 社　　址 | 哈尔滨市南岗区复华四道街 10 号　邮编 150006 |
| 传　　真 | 0451-86414749 |
| 网　　址 | http://hitpress.hit.edu.cn |
| 印　　刷 | 黑龙江省委党校印刷厂 |
| 开　　本 | 787mm×960mm　1/16　印张 8.5　字数 228 千字 |
| 版　　次 | 2014 年 6 月第 1 版　2014 年 6 月第 1 次印刷 |
| 书　　号 | ISBN 978-7-5603-4709-7 |
| 定　　价 | 26.80 元 |

(如因印装质量问题影响阅读,我社负责调换)

# 前言

每个俄语学习者，特别是专业俄语初学者，都希望使自己的俄语会话能力在短时间内能有所突破，能够自如地与俄罗斯人交往。为了帮助广大读者打下扎实的"说"的基础，以适应与外国朋友进行内容广泛的日常会话这一实际需要，我们编写了这本《最简俄语日常会话》。本书既可作为高校俄语会话教材（供外教上口语课使用），也可供赴俄留学或工作人员自学使用。

本书以现实生活场景为内容，以最简方式提供了多种可供选择的日常俄语表达模板、常用词语和句型，并随机介绍了俄罗斯国情、俄罗斯人表达习惯和交往禁忌，可以使学习者语音、语法说得准确到位，在各种场合下避免表达错误。

《最简俄语日常会话》分两部分，第一部分共计 8 个日常生活和社交活动题材，包括 35 个特定情景 143 个情景对话，以短句或对话形式选编了日常生活和社交活动中最常用的可供选择的基本句型。为方便读者理解，全文译成汉语，并在需要时作国情注释及用法讲解。第二部分俄语情感语义场——听俄罗斯人如何表达情感，计 14 个方面。

由于我们水平有限，书中不妥及错误之处在所难免，恳请专家、同行和读者批评指正。

本书配有 MP3 录音，有助于俄语学习者正确讲出俄语，达到应有的学习效果。

编　者
2014 年 2 月

主编联系电子信箱：E-mail:chenguottttt@163.com

# 目 录

## 第一部分：典型情景交流 Типи́чные ситуа́ции обще́ния //1

### Ⅰ．交往的最低限度用语 Коммуникати́вный ми́нимум //1
一、打招呼和问候 Обраще́ния и приве́тствия //1
二、相遇、相识 Встре́чи и знако́мства //6
三、告别 Фо́рмы проща́ния //7
四、邀请 Приглаше́ние //10
五、待客 Угоще́ние госте́й //11

### Ⅱ．饮食 Пита́ние //13
一、常见食品名称和一般烹调方式 Назва́ния привы́чных проду́ктов пита́ния и спо́собов приготовле́ния пи́щи //13
二、讨论菜肴和邀请就餐 Обсужде́ние блюд и приглаше́ние к совме́стной тра́пезе //16
三、选择就餐位置 Вы́бор ме́ста в рестора́не //18
四、点餐和推荐菜品 Зака́зы и рекоменда́ция блюд //19
五、请客入席 Приглаше́ние к столу́. За столо́м //22

### Ⅲ．购物 Поку́пки //23
一、在食品店购食品 Поку́пка проду́ктов в продово́льственном магази́не //23
二、在百货商场购物 Поку́пки в универма́ге //27
三、在礼品店购物 Поку́пки в магази́не сувени́ров //30
四、退换货 Заме́на това́ров //34

I

附录：各种食品、日用品名称 Названия различных продуктов и предметов быта //35

Ⅳ. 谈天说地 Беседы на разные темы //37

一、谈时间（日期、节日）О времени и дате, о праздниках //37

二、谈天气 Разговор о погоде //46

三、谈喜爱的体育项目、谈爱好 Разговор о любимом виде спорта, об увлечениях //50

四、谈职业和工作 О профессии и работе //60

五、谈自己、谈健康（自我感觉）О себе, о здоровье (самочувствии) //63

六、面试求职 Собеседование при приёме на работу //72

Ⅴ. 校园生活 Студенческая жизнь //76

一、学习 Учёба //76

二、在图书馆 В библиотеке //78

三、在宿舍 В общежитии //80

四、考试 Экзамены //82

Ⅵ. 生活与美 Жизнь и красота //83

一、在美发店 В парикмахерской //84

二、在美容院 В салоне красоты //86

Ⅶ. 旅游出行 Туризм. Поездки //87

一、路线选择 Выбор маршрутов //87

二、订机票、火车票 Заказ билетов на самолёт и поезд //90

三、在火车站 На вокзале //92

四、在机场 В аэропорту //92

五、在边境 На границе //94

六、在宾馆 В отеле //95

七、在邮局 На почте //97

八、在银行 В банке //101

九、问路 Узнавать у других, как добраться куда-либо //103

Ⅷ. 健康和医疗 Здоровье и медицина //105

# 第二部分：俄语情感语义"场"
## —— 俄罗斯人如何表达情感 //116

Ⅰ. 表示请求与许诺 Выраже́ние про́сьбы и обеща́ния //116

Ⅱ. 表达谢意 Выраже́ние благода́рности //117

Ⅲ. 表示同意或拒绝 Выраже́ние согла́сия или отка́за //118

Ⅳ. 表示气愤与辱骂 Выраже́ние зло́сти и́ли обвине́ния и руга́тельства //119

Ⅴ. 表示怀疑与担心 Выраже́ние сомне́ния и опасе́ния //119

Ⅵ. 表示安慰和同情 Выраже́ние утеше́ния и сочу́вствия //120

Ⅶ. 表示希望 Выраже́ние наде́жды и наде́жды //120

Ⅷ. 表示失望和遗憾 Выраже́ние разочарова́ния и сожале́ния //121

Ⅸ. 表示建议与劝告 Выражение сове́та или рекоменда́ции //122

Ⅹ. 表示高兴与快乐 Выраже́ние ра́дости и весе́лья //122

Ⅺ. 表示不幸与痛苦 Выраже́ние чу́вства при неприя́тностях //122

Ⅻ. 祝贺与祝愿 Поздравле́ния и пожела́ния //123

XIII. 送礼 Даре́ние / Пода́рки //124

XIV. 祝酒词 То́ст //124

# 第一部分：典型情景交流
# Типи́чные ситуа́ции обще́ния

## Ⅰ．交往的最低限度用语
## Коммуникати́вный ми́нимум

### 一、打招呼和问候 Обраще́ния и приве́тствия

**▲俄罗斯人的社交礼仪**

在人际交往中，俄罗斯人素来以热情、豪放、勇敢、耿直而著称于世。在交际场合，俄罗斯人惯于和初次会面的人行握手礼。见面握手时，要注意以下几点：(1)忌形成十字交叉形，即当他人两手相握时，不能在其上下方再伸手，更不能倚在门框和隔门握手。(2)俄罗斯有"左主凶，右主吉"的传统说法，因此，切忌伸左手给对方，无论是握手还是递还物品。(3)遇老者、妇女、上级时不应主动伸手，要等待对方先伸手。脸要保持微笑，若脸上没有表情，则易被对方视为冷淡。(4)握手时要摘下手套，不能摇对方的手。如果关系一般，轻轻地握；关系很好时可以用力。

对于熟悉的人，尤其是在久别重逢时，他们则大多要与对方热情拥抱或施以亲吻，这是俄罗斯人的重要礼节，但对不同人，在不同场合，施吻也有区别：男女在隆重的场合相遇，常常是男子弯腰吻女子手背；日常生活中，长辈吻晚辈的面颊三次（先右、后左、再右）；男子间只能拥抱，亲兄弟姐妹见面，可拥抱亲吻。另外，朋友久别重逢，寒暄问候时，切不可论胖谈瘦。俄罗斯人觉得这是在形容其臃肿、丑陋。

打招呼忌问："你去哪儿？"这不是客套的问候，对俄罗斯人来说，这是在打听别人的隐私。在迎接贵宾之时，俄罗斯人通常会向对方献上"面包和盐"。这是给予对方的一种极高的礼遇，来宾必须对其欣然笑纳。

在称呼方面，在正式场合，他们也采用"先生"、"小姐"、"夫人"之类的称呼。

称呼女性时,切莫用"太太"一词,这将引起对方的不快。在俄罗斯,人们非常看重人的社会地位。因此对有职务、学衔、军衔的人,最好以其职务、学衔、军衔相称。

依照俄罗斯民俗,在用姓名称呼俄罗斯人时,一般按彼此之间的不同关系有所区别。初次见面或正规场合,才会将俄罗斯人姓名的三个部分连在一起称呼。

俄罗斯人的问候语很多,在俄语交际中占有重要的地位。按照礼节,熟人之间每天见面必须相互问候,即使街坊邻居,虽然彼此并不熟识,平日无来往,但相遇时也要相互问候。场合不同,说话者的关系不同,所用问候语也有不同。下面介绍几种常见的问候用语。

(1) Здра́вствуй(-те)!(你好!)

虽然俄罗斯民族的问候语多种多样,但最标准最常用的是 Здра́вствуй(-те),适合于任何时候任何场合。

俄罗斯人对人说话,如果对方是长辈、不相识的人、不亲密的人、被认为重要的或须尊重的人,就须称"您",语气含有纯事务、客气、庄重或尊敬的意味。对平辈或晚辈的家里人、很熟的人、不须客气或尊重的人,则称"你",语气含有随便、无拘束、亲热、友好的意味。

(2) До́брый день!(日安!) До́брое у́тро!(早安!) До́брый ве́чер!(晚安!)

这些问候语是根据外来模式,从 17 世纪末开始在俄罗斯上流社会中出现的。现在用于关系亲密的朋友、经常见面的同辈和晚辈之间,普遍使用于一天的不同时候。

(3) Приве́т!(问候、致意、敬礼!)

用于相互关系十分密切的人之间、青年学生之间。

(4) Как дела́?(近况如何? 过得怎样?)

适用于同龄人之间或年长者对年轻人的问候。年轻人问年长者"Как дела́?"是不礼貌的、不适宜的,而应该说"Как пожива́ете?"或"Как рабо́та?"或"У вас всё хорошо́?",很熟悉的晚辈跟长辈也可以说"Как у вас дела́?"。

(5) Жела́ю вам(тебе́)прия́тного аппети́та!(祝你胃口好!)(Прия́тного сна! 祝你睡得好! Всего́ хоро́шего! 一切都好! Всего́ до́брого! 一帆风顺! Всего́ наилу́чшего! 万事如意!)

这些祝福语多用于道别。口语中往往不用 Жела́ю вам(тебе́),而只用二格形式短语。

总之,只有深入到俄罗斯民俗文化中,才能体会到各种问候语的不同内涵。

▲俄罗斯人的姓名

俄罗斯人的姓名由三部分组成:名字 + 父称 + 姓。全称的每一部分都有自己的特点和作用范围。名字用来区别某个熟人圈子或家庭中的各个人,姓用来帮助区别这个家庭和另一个家庭的成员,父称用以表示孩子们与父亲的关系。父称是由父亲的名字加上后缀-ович, -евич, -овна, -евна 构成的,如父亲的名字是Виќтор,儿子的父称就是Виќторович,爸爸的名字是Ивáн,女儿的父称就是Ивáновна。男人和女人的姓在词尾上也有区别,如Сергéй Иванóв 和 Áнна Ивáнова。大部分俄罗斯女人在结婚后会跟丈夫姓。

俄罗斯人姓名的使用:俄罗斯人姓名的全称用于正式场合,俄罗斯人对姓名的使用很讲究,交际性质、场合不同,使用的方式也就不同。父称并非总是要用,只是在传统习惯很牢固的情况下,为了表示尊敬或强调说话者与对话者关系的正式性时才使用。小名或爱称不能和父称连用,如Михаúл Виќторович 不能说成 Мúша Виќторович。现将各种使用情况分述如下:

①名字+父称+姓,这一全称形式是在非常正式的场合下使用的。如在正式场合,陌生成年人之间相互介绍时,一般用全称;在正式公文、各种正式证件中,姓名的书写必须用全称,如 Лев Николáевич Толстóй。非正式文件中,一般情况下,名字和父称可以缩写,只写第一个字母,但姓氏必须完整,不能缩写,如"Л. Н. Толстóй"。

②名字+父称,这是俄罗斯人相互称呼的正式形式。在工作集体中,关系好的熟人之间的日常称呼可以直接使用名字,但是如果具有正式工作性质时,则要用正式的称呼,即名字+父称;在学校里,学生对教师要用名字+父称来称呼;在家庭关系中,青年夫妇对对方的父母、祖父母一般用名字+父称的称呼(如果这家并未规定用爸爸或妈妈的称呼);对关系较远的亲戚也使用名字+父称的称呼。总之,对上级、长辈、地位较高的人或对已婚妇女,为表示对对方的尊重,都使用名字+父称的称呼。这一称呼还可以表示客气或双方关系一般。

③名字+姓,这是较为正式的称呼,是尊称,在各种场合都可使用,较为广泛。一个人成为名人以后,有了一定的社会声望,一般使用名字+姓的称呼;在海报、广播、剧场报幕等类似情况下,往往也用演员、作家、运动员的名字+姓;记者、作家等在报道、摄影、写作等作品中,一般也只署名字+姓。

④此外,在相互介绍和自我介绍时,往往只称姓氏,如"我来自我介绍一下,我姓彼得洛夫,是英语教师"等。大学生之间只用名字,少年儿童之间也只用名字,而且大多用爱称。成年人向少年儿童作自我介绍时,一般按儿童习惯,只说自己的名字。长者对年幼者、教师对学生、军官对士兵、技师对青年工人等,通常只用姓来称呼。但如果是郑重其事的正式称呼,则一般使用名字+姓的形式。

⑤姓加上"先生、同志"或和表示职称、职务等的词连用,是一种正式称呼,没有任何主观情感色彩,使用较为广泛,它既可用于一些较严肃的正式场合,如会议、

## 最简俄语日常会话

工作时间称呼同事,这是强调人们关系的正式性;也可用于其他非正式场合,如在大街上、公共汽车上等。对不知其名字和父称的不太熟悉的人,也可使用这一称呼。不过,当姓与职务连用时,大多在不太熟悉的人之间,或表示对比较有名望的人含有某种敬意,如叶利钦总统等。但是,名字、名字+父称、全称不能与先生、同志之类的词连用,只是在某段时期,即革命年代,曾出现过名字+同志的连用法,它为的是强调这个人是属于党的人。

⑥在口语中,人们对有生活经验的年长者也只用父称称呼,这时它具有特别的尊敬色彩和某种古老的风味。不过,学生对自己的教师尽管怀有极大的尊敬,从礼节观点看,不能只用父称来称呼他。老年人之间,尤其在农村,彼此往往只用父称相称,不过这种情况主要用于口语中。对青年人不能只用父称,因为这相当于叫一个小青年为老爷爷或老奶奶,是十分可笑的。因此不能随便用父称来称呼人,要用得恰如其分。

⑦亲人朋友之间一般使用名字互相称呼,但年幼者对年长者很少只使用名字相称,而是使用名字+父称的称呼,以表示礼貌和尊敬。

⑧小名和爱称则用于关系更加密切的人们之间,两者往往混用,视双方之间的关系、习惯以及当时的情况而定,没有严格的区别。年长者对年幼者经常使用小名和爱称。

⑨昵称则是日常生活中比较随便和不客气的称呼法,随使用者的关系和语气而含有不同的意味。在不拘束的朋友之间,它是一种不拘礼节的随便称呼,表示双方关系极为亲密和融洽;在关系并不亲密的人之间用昵称,往往表示对对方某种程度的轻视。

### Диалог 1(同事之间)

— Добрый день, Ви́ктор!
— Добрый день, Ната́ша!
— Как дела́?
— Спаси́бо, хорошо́. А как твой дела́?
— То́же хорошо́.
— До свида́ния!
— До свида́ния!

— 您好,维克多!
— 您好,娜塔莎!
— 生活怎么样?
— 谢谢,很好。你呢?

## 第一部分：典型情景交流

— 我也很好。
— 再见。
— 再见。

### 📞 Диалог 2 （朋友之间）

— Привéт, Ира!
— Привéт, Оля! Очень рáда тебя вúдеть.
— Я тóже.
— Как твои делá?
— Спасúбо, нормáльно! А твои?
— Тóже.
— Покá!
— Покá!

— 你好，伊拉！
— 你好，奥利亚！很高兴见到你。
— 我也是。
— 最近如何？
— 很好，谢谢。你呢？
— 我也很好。
— 再见！
— 再见！

### 📞 Диалог 3 （年轻人对长者）

— Здрáвствуйте, Марúя Яковлевна!
— Здрáвствуй, Óлечка!
— На рабóту бегу. Как у вас делá?
— Всё в порядке. Приходúте в гóсти!
— Спасúбо, обязáтельно придём. До свидáния, Марúя Яковлевна!
— Всегó дóброго, Óленька!

— 您好，玛丽雅·亚科夫列夫娜！
— 你好，奥列奇卡！
— 我正去上班呢。您最近怎么样？
— 一切正常。来做客吧！
— 谢谢，一定去。再见，玛丽雅·亚科夫列夫娜！

— 再见,奥莲卡!

## 二、相遇、相识 Встре́чи и знако́мства

### Диало́г 1 (自我介绍)

— Здра́вствуйте! Дава́йте познако́мимся. Меня́ зову́т Анто́н Ви́кторович Серге́ев. А вас?
— Меня́ зову́т Пётр Ива́нович Маке́ев.
— О́чень прия́тно!
— Мне то́же!
— 您好!我们认识一下吧。我叫安东·维克多洛维奇·谢尔盖耶夫。您呢?
— 我叫彼得·伊万诺维奇·马可耶夫。
— 很高兴认识您。
— 我也很高兴。

### Диало́г 2 (介绍朋友)

— Ли Лэй, познако́мься, пожа́луйста, э́то мой друг. Его́ зову́т Ван Пин.
— О́чень прия́тно! А меня́ зову́т Ли Лэй.
— Мне то́же о́чень прия́тно!
— 李磊,认识一下我的朋友。他叫王平。
— 很高兴认识你,我叫李磊。
— 我也很高兴认识你。

### Диало́г 3 (详细询问)

— До́брый день! Меня́ зову́т Андре́й.
— О́чень прия́тно. Андре́й, а как ва́ша фами́лия?
— Моя́ фами́лия Ивано́в.
— А о́тчество?
— Моё о́тчество — Петро́вич. Я — Андре́й Петро́вич Ивано́в.
— 您好!我叫安德烈。
— 很高兴认识您。安德烈,您贵姓?
— 伊万诺夫。
— 父称呢?
— 彼得洛维奇。我的全名是安德烈·彼得洛维奇·伊万诺夫。

## 三、告别 Фо́рмы проща́ния

♠ 俄罗斯人的送别礼仪

俄罗斯人送别的时候能站在桥上或者桥下告别,这样的告别意味着永远地离去。男女在社交场合,临别时,男人要为妇女穿大衣、拉开门,要让妇女先行,不能自己开门拂袖而去。告别时不隔着门槛握手,俄罗斯人认为门槛会把友谊割断。俄语中的"Проща́йте!"(别了! 再见!)Не помина́йте ли́хом!(别记着我什么地方不好哇!)通常在表达较长时间离别时用。而"Счастли́во!"和"Бу́дьте сча́стливы!"用于和关系亲密的人道别。

ни пу́ха, ни пера́ 在祝愿别人成功时用(字面意思是"一无所获",此处说的是反话),听者应回答"к чёрту"(见鬼去吧!),算是回应。这样的一问一答一般是用在较为熟悉的人之间。

### Диало́г 1

— Ну, Лю́да, пока́! До за́втра!
— Счастли́во! Созвони́мся!
— 好吧,再见,柳达。明天见。
— 再见。电话联络啊!

### Диало́г 2

— Ну, до свида́ния! Спаси́бо вам за всё! Не помина́йте ли́хом!
— До свида́ния, Ви́ктор Петро́вич! Приезжа́йте ещё, е́сли вам понра́вилось у нас. Всегда́ бу́дем ра́ды!
— Спаси́бо! Е́сли приведёт судьба́, с удово́льствием прие́ду. Никогда́ не забу́ду ва́шей доброты́!
— 好吧,再见了。谢谢你们为我做的一切。请记得我。
— 再见,维克多·彼得洛维奇。如果您喜欢的话请再来做客。我们会永远欢迎您。
— 谢谢。如果有幸,我很乐意再来造访。我永远不会忘记你们的善良。

### Диало́г 3

— Ну, Ко́ля, всего́ хоро́шего, ни пу́ха, ни пера́!
— При́нято говори́ть "к чёрту!" Но я тебе́, Ве́ра, не хоте́л бы так отве-

чать!
— Ну что ты, я не обижусь! Ведь это просто обычай!
— 好吧，科里亚，一切顺利，祝你好运！
— 按理说，我应该回应一句"见鬼去吧!"，但是我不想那样回复你。
— 看你说的，我不会觉得怎样的。要知道这只是习俗罢了。

## Диалог 4

— Ван Мин, я проститься зашёл. Вы сейчас уезжаете?
— А, Виктор! Хорошо, что зашёл! Будешь в Китае — заходи, звони. Вот тебе адрес, телефон...
— Спасибо, Ван Мин! Обязательно позвоню! Желаю вам счастливого пути!
— Виктор, будь счастлив! Больших тебе успехов в учёбе!
— Спасибо!
— Поклонись от меня маме и поцелуй сестрёнку. Спасибо им за заботу! Дай я тебя поцелую на прощание!
— 王明，我来和您告别。您现在走吗？
— 哦，是维克多啊！你来了太好了。如果什么时候来中国的话给我打电话。给你我的地址、电话。
— 谢谢你，王明！一定打。祝您一路平安！
— 维克多，祝您幸福！学习进步！
— 谢谢！
— 请代我向你妈妈和小妹妹问好。谢谢她们照顾我。让我跟你吻别吧。

### ♠ Активные выражения 常用词语

До встречи! 到时见！

До скорой встречи! 一会儿见！

До встречи (в театре, в университете) (в два часа, в воскресенье, вечером)! 到时见(在剧院,在学校)(2点钟,周日,晚上)

До воскресенья! 周日见！

До вечера! 晚上见！

До лета! 夏天见！

Всего хорошего! 一切顺利！

Всего доброго! 再见！

Счастли́во! 祝你好运!

Споко́йной но́чи! 晚安!

До́брой но́чи! 晚上好!

Проща́й ( -те)! 再见了!

Я не проща́юсь. 我不说再见。

Мы ещё уви́димся! 我们还会再见的!

Уви́димся! 再见!

Целу́ю! 吻你!

Обнима́ю! 拥抱你!

Разреши́те ( Позво́льте) попроща́ться! 请允许我说再见!

Не забыва́йте! 请别忘记!

Приходи́те! ( Заходи́те!) 来吧!

Звони́те! 打电话啊!

Пиши́те! 写信啊!

Не забыва́й ( -те) писа́ть! 别忘了写信啊!

Дай ( -те) о себе́ знать! 请告知自己的近况吧!

Переда́й ( -те) приве́т ( кому́)! ( Приве́т ( кому́)!) 给……带好啊!

Жела́ю ( вам, тебе́) хорошо́ отдохну́ть ( хоро́шего о́тдыха)! 祝你(们)休息好!

Жела́ю ( вам, тебе́) успе́хов! ( уда́чи! сча́стья!) 祝你(们)成功!(顺利!幸福!)

Жела́ю ( вам, тебе́) счастли́вого пути́! 祝你(们)一路顺风!

До́брого пути́! 一路顺风!

Жела́ю ( вам, тебе́) всего́ хоро́шего! ( всего́ до́брого!) 祝你(们)一切顺利!(万事如意!)

Прия́тного путеше́ствия! 祝旅途愉快!

Уда́чной пое́здки! 祝出行顺利!

Хоро́шего о́тдыха! 祝休息好!

В до́брый час! 祝好运!

В до́брый путь! 一路平安!

Счастли́во остава́ться! 祝好运。(客人对主人说的)

Прия́тного аппети́та! 请享用!

Не боле́й ( -те)! 不要担心!

Выздора́вливай ( -те)! 祝你(们)早日康复!

Будь(-те) счастлив(-ы)! 祝你(们)幸福!
Ни пуха, ни пера (тебе, вам)! 祝你(们)成功!
Береги себя! 珍重!
Очень рад с вами встретиться! 很高兴跟您见面!
Передавайте привет вашей матери! 请向您的母亲带好!
Ой, уже поздно! Пора идти! 哦,很晚了! 该走了。
Мне пора, поздно уже. 我该走了,已经很晚了!
Передайте привет вашей семье! 请向您的家人带好!

## 四、邀请 Приглашение

 **Диалог 1**

— Юра, ты хочешь пойти со мной в цирк?
— Когда?
— Сегодня.
— Извини, сегодня я очень занят и, к сожалению, не могу пойти.
— Ну, ничего.
— Извини ещё раз!

— 尤拉,你想和我一起去看马戏吗?
— 什么时候?
— 今天。
— 抱歉,今天我比较忙,很遗憾不能去。
— 好吧,没关系。
— 再次抱歉!

 **Диалог 2**

— Ван Мин, что ты собираешься делать в следующее воскресенье?
— Ничего. В воскресенье я свободен.
— Я хочу пригласить тебя ко мне на день рождения.
— Спасибо за приглашение! Я обязательно приду!
— Мы будем ждать тебя в 6 часов вечера.
— До встречи!
— До свидания!

— 王明,下周日你打算干什么?

— 什么也不干。周日我休息。
— 我想请你来我家参加我的生日会。
— 谢谢邀请！我一定去。
— 我们晚上6点等你。
— 再见！
— 再见！

## 五、待客 Угощéние гостéй

### ♠ 俄罗斯人的做客、待客礼仪

俄罗斯人到别人家拜访，一般都预先通知主人。邀请别人到自己家来做客，一般也都预先提出邀请，不约而来或突然请客，被认为不大礼貌，除非是很亲密的友人。客人进门后，先要脱去外套和帽子，须先向女主人问好，再向男主人和其他人问好，因为俄罗斯人也与西方国家人一样在公共场所和交际场合实行"妇女优先"的原则。主人见来访者进来时，会站起来迎上前去握手，请对方坐下后，再商谈工作。主客一起进客厅时，主人应走在前面，给客人开门；出门时应走在客人后面，以便随手关门。客人坐的地点应按主人指定，不能坐在床上，也不能坐在有妇女坐的沙发上。如果一次来了几位互不相识的客人，主人介绍时也先从女客开始，男客被介绍给女客时要站起身来。吸烟应先征得女主人或女客的同意。谈话时一般不能打断别人的话，不要打听别人的工资、妇女的年龄。男子不能把同来的妇女丢在一边自己另与别人谈话，除非妇女已另与别人谈话。初次拜访不要坐太久。俄罗斯人喜欢送花，花店很多，人们做客时常常送给女主人一束鲜花，送的花须是单数（双数的花祭祀亡者），还不能是黄色的（黄色表示不忠诚）；送给主人家的孩子一些玩具或文具，也很受欢迎。主人如接到客人送给的蛋糕、水果、糖果，应立即摆到桌上，让大家看见。应邀者不要到得过早，以免影响主人的准备工作，也不要到得过迟，让主人和其他客人久候是失礼的。

俄罗斯人好客，有一句谚语说得最妥切：烤炉里有什么，桌上有什么。不管食品供应如何紧张，但在请你吃饭时，还是尽其所有，并且把难得的美味留给客人。如果你不豪爽地吃掉喝掉，反会被认为是不懂礼貌。在家里请客吃饭或吃茶点，被认为比在饭馆更亲切友好。请客时一定要摆上桌布，一般用棉布，通常是带花色的，更讲究些则用白色的。漆布和塑料布被认为不大讲究，只在没有客人或请亲密的亲友时才用。请客时桌上一般都摆一瓶鲜花。正式的餐桌是长方形的，以两端为上座。客人夫妇分开，男主人坐在女客人身旁，女主人坐在男客人身旁。客人如是一对恋人，则坐在一起。预先为每位进餐者摆好一份餐具：一个大食盘（吃菜用),一个中盘(放面包,放在大盘左);一把叉(放在大盘与中盘之间)、一把刀、一把匙(放在大盘右边);大小玻璃酒杯两三个(放在盘前)。左手持叉,右手用刀、匙。用刀从公盘中取食物,用叉送入口中,不能用刀吃东西。面包应撕成小块送入嘴中,不应大块啃。餐桌上不能吸烟。主人不时对客人说:"请为健康而吃",相当于中国人说:"请随便吃","请多吃点"。客人要等女主人离桌后才起身。

### Диалог 1  Встречаем гостей (迎客)

— Привет!
— Здравствуйте! Входите! Мы очень рады вас видеть!
— Эти цветы — для вас. А это торт к чаю!
— Огромное спасибо! Раздевайтесь и проходите.
— 你们好!
— 你们好!请进。很高兴见到你们。
— 这是送给你们的花。这是茶点奶油点心。
— 太感谢了。请脱掉外套,进来吧。

### Диалог 2  За столом (进餐)

— Прошу к столу. Садитесь.
— Как красиво! Ты сама всё приготовила?
— Сергей помогал. Хочешь попробовать этот салат?
— Спасибо! Дай немного.
— Передайте, пожалуйста, хлеб!
— Налить вина?
— Да, спасибо! Предлагаю тост за хозяев этого дома!
— 请入席。请坐。
— 太丰盛了!都是你自己做的吗?
— 谢尔盖帮忙做的。想不想尝一下这个沙拉?
— 谢谢,少来点。
— 给我拿块面包。
— 倒点酒吗?
— 好的,谢谢。我提议为这里的主人们干一杯!

### Диалог 3  Провожаем гостей (送客)

— Большое спасибо за прекрасный ужин!

— Мы всегда́ вам ра́ды!
— Мы о́чень хорошо́ провели́ вре́мя. Приходи́те тепе́рь вы к нам!
— Спаси́бо, обяза́тельно придём!
— До свида́ния!
— 非常感谢这么美味的晚餐。
— 我们永远欢迎你们。
— 我们在这里度过了美好的时光。也请你们来我们家做客!
— 谢谢,一定去。
— 再见。

## Ⅱ. 饮食 Пита́ние

### 一、常见食品名称和一般烹调方式
### Назва́ния привы́чных проду́ктов пита́ния и спо́собов приготовле́ния пи́щи

▲俄罗斯人的饮食

俄罗斯领土横跨欧亚,菜系除深受欧亚两洲影响,还融合当地物产、俄罗斯民族自由饮食习惯及烹饪方式,形成丰富多变、口味独特的俄罗斯美食。由于冬季长、气候寒冷,俄国菜常添加较多油脂或佐以酸奶油补充热量,采用煎、炒、烤等烹调方式,搭配酸、甜、咸、辣等重口味促进食欲,装盘时常洒时蔬菜或香菜点缀——除了增香、调味以外也比较解腻。有趣的是,虽然口味、食材差别很大,不少菜如冷盘小菜、汤、饺子、糕饼等,倒与中菜颇有异曲同工之处。

俄国人很重视饮食,喜欢与亲友一起品尝美食、喝茶或喝酒。俄罗斯用餐时间较晚,通常在6点至11点吃简单的早餐,如单片面包三明治或粥、薄饼,搭配茶、咖啡或牛奶。午餐时间约为12点至下午4点,吃得比较丰富,有冷盘、汤配面包、鱼或肉类等主菜加副餐,餐后饮料配点心,但不需要整套全点。如非过节或聚餐,一般晚餐时间较不固定,吃得较少也随性一些。

大部分餐厅上菜顺序不能颠倒、佐餐饮料需额外加点。许多餐厅平日会供应商务午餐(бизнес-ланч),价格比较实惠。近年来,日本菜在俄罗斯非常流行,但口味多已西化,常使用奶油、乳酪等西式食材,与传统口味略有不同。

# 最简俄语日常会话

♠ **Акти́вные выраже́ния** 常用词语

фи́рменное блю́до 特色菜(本店名菜)

Пеки́нская у́тка 北京烤鸭

мя́со в горшо́чках 瓦罐炖肉

трепа́нги 海参

тушёная говя́дина в со́евом со́усе 红烧牛肉

жа́реный 炸的

тушёный 炖的

копчёный 熏制的

солёный 腌制的

вку́сный 美味的,可口的

в ки́сло-сла́дком со́усе 用糖醋……

в тома́тном со́усе 用番茄汁……

изве́стное во всём ми́ре блю́до 举世闻名的菜肴

гото́вить（пригото́вить/ пригота́вливать）еду́, обе́д… 做饭

жа́рить（пожа́рить）煎、炸、烤

вари́ть（свари́ть）煮、熬、炖、烧(食物或饮料)

про́бовать（попро́бовать）品，尝，品尝(食物)；吃，喝(食物、饮料)

ку́шать（поку́шать）吃饭

перекуси́ть 吃点东西,稍微吃点东西

есть（пое́сть）吃,吃饭

пита́ться 吃

корми́ть（накорми́ть, покорми́ть）供……吃,喂养

за́втракать（поза́втракать）吃早餐；за́втрак — на за́втрак 早餐,去吃早餐

обе́дать（пообе́дать）吃午餐；обе́д — на обе́д 午餐,去吃午餐

у́жинать（поу́жинать）吃晚餐；у́жин — на у́жин 晚餐,去吃晚餐

заку́ска(-и) 小吃,冷盘,下酒菜

на заку́ску〈口,谑〉作为结尾；作为余兴

пе́рвое(-ые), второ́е(-ые), тре́тье(-ьи) блю́до(-а) — на пе́рвое, на второ́е, на тре́тье 第一(二、三)道菜

зака́зывать/заказа́ть на пе́рвое, на второ́е, на тре́тье, на десе́рт 点第一道菜、第二道菜、第三道菜、甜点

меню́ 菜单

## 第一部分：典型情景交流

кофе с лимоном 柠檬咖啡

чай 茶

суп 汤

компот, компотик（уменьшительное от компот）糖水水果

бульон（用肉、鸡等煮成的）清汤

пища 食物，食品

еда 食物

каша 粥

рисовая 稻米做的

манная 用碎麦米做的

гречневая 荞麦或荞麦米做的

яичница 煎（荷包）蛋

варёные яйца 煮鸡蛋

омлет（鸡蛋、牛奶、面粉搅匀煎成的）煎蛋卷；煎蛋饼

жареная рыба 炸鱼

жареный картофель 炸土豆

картофель（картошка）（картошечка）土豆

бутерброд с колбасой 夹香肠的面包片

бутерброд с сыром 夹奶酪的面包片

котлета 肉饼；煎猪排，煎牛排

    отбивная ~（把排骨肉拍松做的）煎排骨

    рубленая ~ 用剁碎的肉做的肉饼

голубцы 菜卷（用圆白菜叶包肉馅卷成卷用文火炖熟）

пельмени 饺子

тушёные овощи 炖蔬菜

пюре（果子、蔬菜等做的）泥（菜泥，果泥）（可直接食用，亦可用作布丁等的调配料）

макароны 通心粉

фрукты 水果

пирожные 甜点心，小蛋糕，甜酥饼；（用作最后一道菜的）甜食

пирожки（пироги）馅饼

блины（блинчики）（特指俄罗斯式的）发面煎饼

творог 乳渣，奶渣

повидло 果泥，果酱

грибы́ в смета́не 酸奶油蘑菇
шашлы́к 烤羊肉串
гре́чневая ка́ша с молоко́м и ма́слом 牛奶黄油荞麦粥
цыплёнок табака́ 烟熏雏鸡（菜名）
сала́т из све́жих овоще́й 蔬菜沙拉
мясно́е ассорти́ 什锦肉盘
заливна́я ры́ба 鱼冻
напи́тки 饮料
табли́чка 预订座位牌
официа́нт (-ы) 服务员
свобо́дный сто́лик 空桌子
столо́вый (-ые) прибо́р (-ы) 餐具
Проголода́лась (Проголода́лся, Проголода́лись) 饿极了。
Тост за встре́чу, за дру́жбу. 为相逢、为友谊干杯！
по́рция (две, три...по́рции) 份（两份、三份……）
Устра́ивает? 满意吗？ Вполне́ устра́ивает. 很满意。
Ско́лько мы должны́? 我们该付多少钱？ Ско́лько с нас? 我们付多少钱？
счёт 账单

## 二、讨论菜肴和邀请就餐

### Обсужде́ние блюд и приглаше́ние к совме́стной тра́пезе

 **Диалог 1**

— Ты пойдёшь с на́ми обе́дать?
— Спаси́бо, не хочу́. Я по́здно за́втракал.
— Ну, как зна́ешь! Учти́, у нас по́сле заня́тий экску́рсия!
— Ах, да! Я совсе́м забы́л.
— Так ты идёшь или нет?
— Придётся пойти́... Или нет. Купи́те мне па́ру бутербро́дов с колбасо́й. Хорошо́?
— Ла́дно, ку́пим.

— 你和我们一块儿去吃午饭好吗？
— 谢谢，我不想去。我早饭吃得很晚。
— 好吧，随便你。不过你得考虑到我们课后要去参观。

—啊,对了,我忘光了。
—那么,你去还是不去?
—那只好去……还是不去了。请你们给我买两份香肠夹心面包,好吗?
—好吧,一定给你买。

## ☎ Диалог 2

— Ира, ты ещё не проголодáлась?

— О! Да, ужáсно!

— Так, мóжет, пообéдаем?

— С удовóльствием. Тóлько где? Ведь наш буфéт открóется лишь чéрез час.

— Ах, да! Я совсéм забы́л... А, мóжет, зайдём в кафé напрóтив?

— Это идéя! Сейчáс я одéнусь.

— Жду тебя́ внизу́. У ли́фта.

—伊拉,你还没饿?
—噢,饿极了!
—那么,要不咱们吃午饭去?
—好啊,在哪儿吃呢?要知道咱们小吃部一小时后才开门呢。
—啊,可不是!我都忘了……要不咱们去对面的咖啡馆?
—这主意好!我马上穿好衣服。
—我在下面电梯旁等你。

## ☎ Диалог 3

— Здрáвствуй, Пётр!

— Здрáвствуй, Юра! Ты ужé вернýлся? Как нам с тобóй встрéтиться?

— Ты свобóден сегóдня вéчером? Давáй вмéсте поýжинаем! Я тебя́ приглашáю!

— Спаси́бо, Янек, с удовóльствием! А кудá пойдём?

— Пойдём в кафé «Ли́ра». Там ую́тно.

— Давáй! Где и когдá мы встречáемся?

— Встречáемся в 7 вéчера у метрó «Пýшкинская», там недалекó.

— Договори́лись! Я знáю это кафé.

— До встрéчи!

—彼得你好!

## 最简俄语日常会话

— 你好,尤拉! 你已经回来了? 我怎么跟你见面呢?
— 今晚有空吗? 我们一块儿去吃晚饭吧,我请你。
— 谢谢! 扬涅克,我很高兴去。我们去哪儿呢?
— 去利拉咖啡馆吧,那儿很舒适。
— 好哇,咱们在什么地方、什么时间见面呢?
— 晚上七点,在普希金地铁站旁边见面。那儿离咖啡馆就不远了。
— 说定了。我知道这个咖啡馆。
— 到时候见!

### Диалог 4

— Какую кухню вы предпочитаете — европейскую или китайскую?
— Конечно, китайскую! Мы уже много слышали о китайской кухне!
— Хорошо. Сегодня вечером вы попробуете пекинскую утку. Это известное во всём мире блюдо.
— Отлично! А как готовят пекинскую утку?
— В специальной печи подвешивают утку и жарят на дровах. Поэтому вкус у утки получается особенный. Потом вы увидите, как повар нарезает утку.
— Чудесно! Давайте пойдём в китайский ресторан!

— 西餐和中餐,你们更想吃哪个呢?
— 当然是中餐了。我们对中餐多有耳闻。
— 好。今天晚上你们将品尝到北京烤鸭。这可是闻名世界的一道菜。
— 好极了。北京烤鸭是怎样做的呢?
— 是把鸭子悬挂在专门的炉子里用炭火进行烤制的。这样烤鸭的味道才特别香。一会儿你们还会看见厨师是怎么切烤鸭的。
— 太妙了,那咱们就去中餐馆吧!

## 三、选择就餐位置 Выбор места в ресторане

### Диалог 1

— Девушка, скажите, этот столик свободен?
— Нет, он уже заказан. Вот табличка. Есть два свободных места направо у эстрады. Вас это устроит?
— Боюсь, там будет слишком шумно. А мы хотели поговорить.
— Тогда подождите немного. Я к вам подойду.

——服务员,请问这张桌子没人占吧?
——不,这张桌子已经有人预订了。喏,这是座位牌,右边露天舞台旁有两个空座位,你们觉得合适吗?
——我怕那边会太吵,我们想聊会儿天。
——那请稍候。我马上过你们那儿去。

### Диалог 2

— Скажи́те, за како́й сто́лик нам мо́жно се́сть?
— Вы то́лько вдвоём?
— Нет, нас бу́дет че́тверо. На́ши друзья́ сейча́с подойду́т.
— В тако́м слу́чае, пройди́те в сосе́дний зал. Там ещё есть свобо́дные сто́лики.

——请问,我们可以坐哪张桌子?
——就你们两位吗?
——不,我们有四个人,我们还有两个朋友马上就到。
——如果这样,那就请到隔壁厅里去。那儿还有空桌子。

## 四、点餐和推荐菜品 Зака́зы и рекоменда́ция блюд

### Диалог 1

— До́брый ве́чер! Вот меню́, что бу́дете брать?
— Что вы нам посове́туете?
— Возьми́те грибы́ в смета́не. Что ещё бу́дете зака́зывать?
— Шашлы́к.
— Напи́тки бу́дете зака́зывать?
— Минера́льную во́ду и кра́сное сухо́е вино́ к мя́су.
— Могу́ предложи́ть «Сапера́ви» — о́чень хорошо́ к мя́су!

——晚上好!这是菜谱,你们想要点什么?
——您说我们吃什么好?
——来个酸奶油蘑菇,还要点别的吗?
——烤羊肉串。
——要饮料吗?
——要矿泉水和吃肉时喝的干红葡萄酒。
——我建议您要萨佩拉维葡萄酒,吃肉时喝这种酒最好。

## 注释

1. Саперави — грузинский красный винный сорт винограда и одноимённое красное вино. 萨佩拉维是一种格鲁吉亚红葡萄和同名的葡萄酒。

## 📞 Диалог 2

— Добрый вечер! Вот меню.
— Ну, что будем заказывать?
— Я думаю, во-первых, какой-нибудь салат. Посмотри, что есть в меню из холодных закусок?
— Вот, салат из свежих овощей. А горячее?
— Я люблю котлеты. Ты не против?
— Очень хорошо. И что-нибудь на десерт.
— Что вы нам посоветуете?
— Возьмите мороженое «Ассорти».
— Хорошо, две порции, пожалуйста. И две чашки кофе.

— 晚上好,这是菜单。
— 喂,咱们要点什么菜?
— 我看先来凉菜吧。你看看菜单上有什么凉菜?
— 有凉拌鲜蔬菜。热菜要什么?
— 我喜欢吃肉饼。你不反对吧?
— 很好。再要点什么甜食吧。
— 双色冰激凌吧。
— 好,两份双色冰激凌,再要两杯咖啡。

## 📞 Диалог 3

— А что это за блюдо?
— Яблоки в карамели. Вместо яблок иногда используют бананы, батат или что-нибудь другое.
— Оригинальное блюдо. А что это?
— Трепанги.
— Тоже очень вкусно!

— 这是什么菜?
— 拔丝苹果。有时也用香蕉或是山药和其他东西代替苹果。

— 这个菜很有特色。这是什么?
— 这是海参。
— 味道也很好。

## 📞 Диалог4

— Простите, девушка, у вас есть творог или каша на завтрак?
— Есть каша.
— А какая?
— Манная, гречневая с молоком и маслом.
— А кофе есть?
— Вам чёрный или с молоком?
— Дайте, пожалуйста, с молоком.
— Пожалуйста.
— 请问,姑娘,你们这里早饭有乳渣或者粥吗?
— 有粥。
— 都有什么样的?
— 碎麦米粥,牛奶黄油荞麦粥。
— 有咖啡吗?
— 您要清咖啡还是要牛奶咖啡?
— 请给一杯牛奶咖啡。
— 给您!

## 📞 Диалог5

— Чем вы нас сегодня покормите?
— Есть мясное ассорти, заливная рыба, салат «Столичный».
— Пожалуй, рыбу. А тебе?
— А я возьму салат.
— И цыплят, здесь их отлично готовят.
— Вино будете заказывать?
— Да, пожалуйста, бутылку «Мукузани».
— А на десерт?
— Мы ещё подумаем. Да, пожалуйста, ещё пачку сигарет и спички. Пока всё!
— 您今天让我们吃点什么呢?

## 最简俄语日常会话

— 有什锦肉拼盘、鱼冻和首都沙拉……
— 那就要鱼冻吧。你呢?
— 我要一个沙拉。
— 还有烤雏鸡。这儿做得好极了。
— 要酒吗?
— 要,请来一瓶穆库扎尼。
— 甜食要什么?
— 我们再想想。对了,请拿一包香烟和火柴。先就要这些吧。

**注释**

1. Салáт «Столи́чный» — салáт из кýрицы, картóшки, моркóви и овощéй. 首都沙拉,一种由鸡肉、土豆、胡萝卜和蔬菜做成的沙拉。

2. «Мукузáни» — Сухóе крáсное грузи́нское винó, котóрое дéлается из виногрáда сóрта Сапервáви в райóне села́ Мукузáни. 穆库扎尼葡萄酒是一种干红葡萄酒,用萨佩拉维葡萄酿造而成,产于格鲁吉亚穆库扎尼区。

### 五、请客入席 Приглашéние к столý. За столóм.

 **Диалог 1**

— Прошý вас к столý. Сади́тесь, пожáлуйста!
— Мне здесь óчень нрáвится! Прекрáсный интерьéр. Кита́йский стиль!
— И кита́йская кýхня!
— Мóжно посмотрéть меню́?
— Пожáлуйста. Что вы бýдете закáзывать?
— Давáйте возьмём пеки́нскую ýтку. Я мнóго слы́шал о ней. Но никогдá не прóбовал.
— Хорошó. Стóит попрóбовать!

— 请大家入座。请坐!
— 我很喜欢这里。装修不错。中国风格!
— 还有中国菜!
— 可以看看菜单吗?
— 给您。您想点什么?
— 先点一道北京烤鸭吧。以前听过好多次,但还从来没有尝过呢。
— 好的。值得一尝啊!

📞 **Диалог 2**

— Прошу́ к столу́. Попро́буйте на́ши кита́йские блю́да.
— Мы давно́ уже́ слы́шали о знамени́той кита́йской ку́хне. Она́ по́льзуется до́брой сла́вой во всём ми́ре.
— Угоща́йтесь, пожа́луйста. Попро́буйте вот э́то. Называ́ется мя́со в горшо́чках. Это их фи́рменное блю́до.
— У-у! Объеде́ние!
— 请入座。请尝尝我们的中国菜肴。
— 对于著名的中国菜肴我们早有耳闻。它在全世界都享有盛誉。
— 请品尝。请尝尝这个。这是瓦罐炖肉，是这里的特色菜。
— 哇！太好吃了！

## Ⅲ. 购物 Поку́пки

♠ **Акти́вные выраже́ния** 常用词语

магази́н 商店；магази́н бытовы́х това́ров 日杂商店；фрукто́вый магази́н 水果店

кни́жный магази́н 书店；о́птика 眼镜店；магази́н гото́вого пла́тья 成衣店；магази́н игру́шек 玩具店；ювели́рный магази́н 珠宝首饰店；универма́г 百货公司

суперма́ркет 超市；витри́на 橱窗；прила́вок 柜台；по́лка 货架；электро́нные весы́ 电子秤

## 一、在食品店购食品
## Поку́пка проду́ктов в продово́льственном магази́не

 **Диалог 1**

— Ко́ля, слу́шай, я пригласи́ла друзе́й к нам. Что нам пригото́вить на у́жин?
— Про́сто ума́ не приложу́!
— Посмотрю́, что у нас есть в холоди́льнике! Так: сыр, пи́во... Тогда́ возьмём в магази́не колбасу́, копчёную ры́бу, говя́дину, солёные грибы́.

— Ещё что-нибудь из фруктов? Мои друзья предпочитают южные.
— Тогда купим манго, папайя, бананы.
— Здорово! Пошли, возьми деньги! Кстати, ещё надо купить какие-нибудь овощи.
— Конечно, картошку, помидоры, огурцы и что-нибудь из зелёных овощей.
— А как насчёт хлеба?
— Это я потом забегу в хлебный магазин купить чёрного хлеба и булочек или печенья.
— Согласна, там разберёмся!

— 喂,科利亚,我们晚餐做什么呢？我今天邀请了朋友来做客,我想不出来。
— 我看一下冰箱里还有什么,噢,有干酪、啤酒。那我们去商店买小灌肠、熏鱼、牛肉、腌蘑菇吧。
— 要不再买些水果？我朋友喜欢吃南方水果。
— 那我们就买些芒果、木瓜、香蕉。
— 太好了！拿着钱,我们走吧！对了,顺便再买些蔬菜。
— 那当然了,要买土豆、西红柿、黄瓜,还有绿叶蔬菜。
— 面包呢？
— 买完菜后我去面包店买些黑面包和小长面包,或者饼干吧。
— 好的,我们到那再说吧！

###  Диалог 2

— Ниночка, ты не знаешь, где здесь продовольственный магазин?
— Недалеко от универмага «Лето» недавно открылся неплохой магазин, там широкий ассортимент.
— Цены какие?
— Умеренные! Цены на некоторые продукты даже гораздо дешевле, чем в других магазинах. Вчера я купила там свежие овощи и фрукты. Кстати, и хлеб там вкуснее пекут.
— Когда он открывается, и когда кончает работать?
— Режим работы, как у других магазинов: открывается в 8:30 утра, а закрывается в 10:00 вечера. Говорят, что на днях будет работать до 12-ти ночи, чтобы привлечь покупателей.
— Вот и прекрасно, значит мы успеем туда сходить.

# 第一部分：典型情景交流

— Пошли!
— 尼娜，你知道这附近哪里有食品店吗？
— 离"夏日"百货商场不远，不久前才开业的，商店不错，种类繁多。
— 价格怎么样？
— 价格公道，有些食品的价格比其他的商店便宜得多，昨天我就买了一些新鲜蔬菜和水果，对了，那儿的面包烤得好吃。
— 它什么时候开门，什么时候关门？
— 营业时间和其他商店一样从早上 8:30 到晚上 10:00，听说，为吸引顾客，这几天要营业到夜里 12:00。
— 太好了，就是说我们还来得及到那儿去一趟。
— 走吧！

### 📞 Диалог 3

(В продовóльственном магазúне продавéц, улыбáясь, говорúт с покупáтелем.)
— Здрáвствуйте, вам помóчь?
— Скажúте, пожáлуйста, скóлько у вас стóят помидóры?
— Трúдцать рублéй за килогрáмм.
— А картóшка?
— Сóрок рублéй.
— Дороговáто, снúзьте до тридцатú пятú рублéй, лáдно?
— Нет, извинúте, не могý! Ведь это молодáя картóшка нóвого урожáя! Причём у нас нельзя́ торговáться.
— Ну лáдно, пожáлуйста, дáйте килó картóшки и 2 килó помидóров. А зéлень скóлько стóит?
— По 10 рублéй пучóк.
— Дáйте два пучкá. Ещё дáйте мне кусóк мя́са без костéй, попостнéе. Скóлько всегó?
— С вас четы́реста пять рублéй.
— Спасúбо.

(食品商店里，售货员微笑着跟顾客讲话。)
— 您好，有什么可以帮您的吗？
— 请问，西红柿多少钱？
— 30 卢布一公斤。

## 最简俄语日常会话

— 土豆怎么卖的?
— 40 卢布一公斤。
— 有点贵了,35 卢布怎么样?
— 抱歉,不卖,要知道,这是新鲜的,况且我们这儿也不兴讲价。
— 好吧,请给我称两公斤西红柿,一公斤土豆,青菜什么价?
— 每把 10 卢布。
— 买两把,再给我称块不带骨头的肉,要瘦些的。总共多少钱?
— 一共是 405 卢布。
— 谢谢!

### Диалог 4

— Вот мы и в супермáркете.
— Мне взять телéжку для покýпок?
— Да, пожáлуйста. Нам мнóгое нýжно купи́ть. Мне нýжно провéрить спи́сок покýпок: свéжий ананáсовый сок, арáхис, подсóлнечное мáсло, кýрица, капýста, моркóвь и лук, 200 грáммов сли́вочного мáсла и сметáна.
— Давáйте начнём с молóчных продýктов. Они́ как раз в пéрвом рядý.
— Не забýдьте провéрить дáту на этикéтке, поскóльку все скоропóртящиеся продýкты дати́рованы.

— 我们到超市了。
— 我需要去取购物车吗?
— 嗯,取吧。我们有很多东西要买。我看看购物单:鲜榨菠萝汁、花生、葵花籽油、鸡肉、卷心菜、胡萝卜、洋葱、200 克黄油和酸奶油。
— 那我们就从乳制品开始吧,它们刚好在第一排。
— 别忘了检查标签上的日期,因为所有的易腐食品都是标注日期的。

♠ **Акти́вные выражéния** 常用词语

У нас нет ничегó на зáвтрак (обéд / ýжин) 我们没东西做早饭(午饭/晚饭)了。
Что собирáешься дéлать? (你)打算怎么办?
Обойдёмся. 我们能应付过去(能将就、凑合)
Мóжно попрóбовать? 能尝尝吗?
Грýши у нас свéжие, ýтром привезли́. 我们这儿梨很新鲜,早晨才运来的。
За мя́со 50 юáней. 肉钱收 50 元。

第一部分：典型情景交流

Почём у вас килограмм курицы? 鸡多少钱一斤？
Взвесьте, пожалуйста, эту курицу. 请称一下这只鸡。
Какой вес получился? 多少斤？
Мне, пожалуйста, полкило сосисок. 请给我称一斤小泥肠。
Всего сколько денег? 一共多少钱？
Приходите ещё! 欢迎再次光临！

## 二、在百货商场购物 Покупки в универмаге

♠ 俄罗斯的主要商场

ГУМ: Государственный универмаг 国立百货商店
ЦУМ: Центральный универмаг 中央百货商店
ДМ : Детский мир (москва) 儿童世界

### Диалог 1

— Добрый день! Что вы хотите?
— Я хочу сделать жене хороший подарок, мы недавно поженились.
— Подарки на втором этаже. Там вы можете выбрать одежду, обувь, духи.
— Нет, спасибо, мы хотим посмотреть бытовую технику. У нас новая квартира, но нет стиральной машины, пылесоса, электрического чайника, кухонного комбайна и холодильника.
— Пожалуйста, всё, что вам нужно, на третьем этаже. У нас в магазине есть бытовая техника из России, Южной Кореи и Западной Европы. Продавец покажет вам всё, что вы хотите.

— 您好！您需要买什么？
— 我想给妻子买份好礼物，我们刚刚结婚。
— 礼品在二楼。您可以选择服装、鞋、香水。
— 不,谢谢。我们想看看家用电器。我们有套新房子,还没有洗衣机、吸尘器、电水壶、厨房用品和冰箱。
— 您要的这些商品在三楼,我们商店的家用电器有俄罗斯产、韩国产、欧洲产。售货员会给您展示所有您想要买的东西。

###  Диалог 2

— Девушка, будьте добры! Покажите, мне, пожалуйста, те босоножки, что на витри́не?

— Како́й каблу́к вы предпочита́ете? У нас есть таки́е на высо́ком, ни́зком и на сре́днем каблуке́. Како́й у вас разме́р?

— У меня́ 38-й разме́р. Могу́ ли я их поме́рить?

— Вот. Ну как, подхо́дят?

— Нет, сли́шком малы́. У Вас есть така́я же моде́ль 39-го разме́ра?

— К сожале́нию, нет, но у нас есть друга́я моде́ль в э́том же сти́ле, хоти́те поме́рить?

— Да, почему́ бы и нет?

(Не́сколько мину́т спустя́.)

— Ну как, Вам нра́вится? О-о! Они́ вам о́чень иду́т!

— Они́ мне и не велики́, и не малы́. Я возьму́ их!

— Вы бу́дете плати́ть нали́чными?

— Нет. По свое́й креди́тной ка́рточке.

— Хорошо́, плати́те, пожа́луйста, в ка́ссу.

— 姑娘,劳驾,给我看看柜台里的那双凉鞋。

— 您喜欢什么样的跟,女士?我们这儿有高跟、低跟和中跟的。您要多大码?

— 我是 38 码的。我可以试试吗?

— 请试。怎么样,合适吗?

— 不行,我穿着小,这个样式的有 39 码的吗?

— 很遗憾,没有这个码了。不过这种风格的我们这儿有另外一种款式,您试试吗?

— 可以。(几分钟后)

— 怎么样,喜欢吗?哦,您穿这双真合适。

— 我穿着不大不小,我买了。

— 您是付现金吗?

— 不,刷卡。

— 好的,请到款台付款。

♠ **Акти́вные выраже́ния** 常用词语

Я хоте́л бы купи́ть... 我想买……

Где у вас продаю́т...? 你们哪儿卖……?

Где могу́ я купи́ть...? 我在哪里可以买到……?

К ва́шим услу́гам, господи́н. 先生,愿意为您效劳。

Это пальто́ в мо́де. 这款大衣很流行。

Како́го цве́та перча́тки вы предпочита́ете? 您喜欢什么颜色的手套？

Како́го фасо́на су́мку вы хоти́те? 您想要什么款式的包？

това́ры широ́кого потребле́ния 日用品

това́ры высо́кого（хоро́шего／плохо́го）ка́чества 质量高（好/不好）的商品

большо́й／бога́тый／отли́чный／ассортиме́нт（вы́бор това́ров）商品丰富，应有尽有

Где нахо́дится приме́рочная каби́на? 试衣间在哪里？

Есть ли мой разме́р? 有我的尺码吗？

Како́го разме́ра ту́фли вы хоти́те? 您想要多大码鞋？

Мо́жно приме́рить? 可以试一下吗？

Это вам идёт（подхо́дит）. 这个对您正合适。

Это мне мало́（велико́／узко́／широко́／те́сно）. 这个我穿有点小了（大了/瘦了/肥了/紧了）。

Это мне не нра́вится. 我不太喜欢这个。

Да́йте мне друго́го цве́та! 请拿别的颜色给我看看。

Я хоте́л бы посмотре́ть како́й-нибудь друго́й... 我想再看看其他的……

Принима́ете креди́тную ка́рточку? 你们接受信用卡吗？

Что вам ну́жно? Что вам уго́дно? Что вы хоти́те（взять／купи́ть）? 您要些什么？

Чем вам могу́ служи́ть? 我能为您做些什么？

Это европе́йское произво́дство. 这是欧洲产的。

руба́шка с дли́нными（коро́ткими）рукава́ми 长袖/短袖男衬衫

Вам каки́е блу́зки? 您要什么样的女衬衣？

вы́шитые（шёлковые／хлопчатобума́жные блу́зки 带绣花的（绸的/棉布的）女衬衣

пони́зить це́ну 降价

де́лать ски́дку（усту́пку）打折（在价格上做出让步）

увели́чить（удво́ить，утро́ить）це́ну 涨价（涨一倍/涨两倍）

вы́годная цена́ 价格划算

норма́льная цена́ 价格公道

Сли́шко до́рого! 太贵了！

чрезме́рно высо́кая цена́ 价格很高

сто́ить безу́мно до́рого 价格贵得离谱

продать по низкой цене 低价出售

купить за полцены 半价购买

быть（имеется）в продаже... 出售中

распродажа со скидкой в конце сезона 季末甩卖

Ну как? Берёте? 怎么样？您买吗？

Упакуйте, пожалуйста! 请包上吧！

Положите, пожалуйста, в пакет! 请放入袋子里。

Платите, пожалуйста, в кассу（оплатите, пожалуйста, покупку в кассе）. 请到收款处付款(请在款台结账)。

давать сдачу 找零

Вы неправильно дали сдачу. 找零不对。

Приходите ещё! 请再来！

## 三、在礼品店购物 Покупки в магазине сувениров

▲ 俄罗斯人送礼习俗

当俄罗斯人请您去做客时，您也许会问："要不要带些什么？"（Что принести с собой?）他肯定会说："什么也不用带，您自己来就行了"，（Ничего не надо. Приходите сами.），但是，这句客套话千万不能当真。根据俄罗斯的传统，空手上门做客是不礼貌的。按俄罗斯人的习俗，最常见和最好的礼物是鲜花。俄罗斯人送花很讲究。首先一定是鲜花，鲜花的朵数只能是单数，如3,5,7，只有当别人家中有人过世出殡或向墓地献花时，才可以选用朵数为双数的鲜花，一般不能送一朵鲜花，通常是送3朵、5朵或7朵。同时还要考虑到花的颜色，一般不宜以黄色鲜花送人，因为黄色象征着别离、背叛。油画、套娃、茶炊、具有"太阳石"之称的琥珀、头巾和披肩、博格罗茨科耶玩具、彩蛋、鱼子酱、伏特加、俄罗斯锡器、俄罗斯巧克力等都是具有鲜明俄罗斯特色的礼品。谚语"Не дорог подарок, а дорога любовь"（礼品虽不贵，但情义深厚，相当汉语"礼轻情意重"）表明俄罗斯人所注重的并不是礼品的价格，而是它所蕴含的友情。对于俄罗斯人来说，中国的瓷器、茶、茶具、丝绸、扇子、珍珠等是馈赠的绝好纪念品。

### Диалог 1

— Девушка, будьте добры! Скоро я уезжаю на Родину. Надо что-нибудь купить на память. Посоветуйте, пожалуйста, какие сувениры в национальном стиле можно купить на память о России.

## 第一部分：典型情景交流

— Я бы посове́товала Вам купи́ть матрёшку[1], самова́р[2] и хохломску́ю ро́спись[3]. Э́то типи́чно ру́сские сувени́ры.

— Покажи́те э́ту матрёшку.

— Пожа́луйста!

— О, кака́я симпати́чная! Э́ту я возьму́ для до́чери. Ещё самова́р, пожа́луйста, тот, я́рко-си́него цве́та с резьбо́й. Ната́ша, ну, как ты ду́маешь?

— Краси́во и не о́чень до́рого. Бери́.

— 售货员，麻烦您，我很快就要回国了，想买点东西做纪念。我想买些具有俄罗斯民族风格的纪念品，帮我出出主意吧。

— 我建议您买套娃、茶炊、霍赫洛玛彩画，这些都是典型的俄罗斯礼品。

— 请把这个套娃拿给我看看。

— 请看。

— 啊，多可爱啊！这个买给女儿，还有把那个亮蓝色的带花雕的茶炊给我看看。你觉得怎么样，娜塔莎？

— 挺漂亮的，还不很贵，买了吧！

### 注释

1. 俄罗斯套娃最初出现于19世纪90年代，套娃的故乡在莫斯科州谢尔吉耶夫镇，当时，画家马留钦见到一套日本七福神的玩具，最外面是秃头的寿星，里面套着七个神像，他受到启发，设计了一套玩具，由工匠斯维多什金刻制，他亲自进行彩绘，最初的造型是一个姑娘套着一个小伙子，再套一个姑娘等，最后是一个婴儿。1900年巴黎举办世界博览会，马留钦将这套木头娃娃以"матрёшка"的名字参展，并在博览会中获得铜奖。从此，"матрёшка"就闻名于世界了。"матрёшка"在巴黎世博会获奖后，很快俄罗斯各地都开始制造这种娃娃，而且形象逐渐统一为身穿民族服装的村姑玛特廖什卡，其工艺水平、花色品种、木质漆质的档次也不断提高，有平涂彩绘的、烫金的、磨砂的、烤漆的，这种久负盛名的民间工艺品，已经成为俄罗斯的一种独具特色的纪念品。

2. 茶炊，茶汤壶。一种金属制有两层壁四围灌水在中间着火的烧水壶。亦泛指烧水壶。茶炊的外形也多样化。19世纪20年代，离莫斯科不远的图拉市则一跃成为生产茶炊的基地，仅在图拉及图拉州就有几百家加工铜制品的工厂，主要生产茶炊和茶壶。有谚语为证：В Ту́лу со свои́м самова́ром не е́здят.（到图拉不必自备茶炊。）

3. 霍赫洛玛彩画(хохломска́я ро́спись)是12世纪在下诺夫哥罗德地区出现的一个古老的俄罗斯民族行业。霍赫洛玛彩画是一种绘制在木制器皿和家具上的装饰画,画的背景是金色,画面颜色通常为黑色和红色,有时是绿色。制画过程中在木器上喷涂银色的锡粉,不是金粉。随后给它覆盖上专门的材料,并在炉中反复加工3~4次,从而形成与众不同的金色,使简单的木器产生厚重的效果。彩画中的传统元素多为红色花楸果和草莓果,鲜花和枝叶,也经常可见鸟、鱼和兽。

霍赫洛玛这个单词最初来源于一个贸易村庄的名字,周围临近村庄的工匠们带着自己制作的产品来到霍赫洛玛出售,这一时期是俄罗斯的复兴时期,那时候的俄罗斯刚刚摆脱鞑靼——蒙古统治的压迫,也是修复教堂教会的时期。当地的森林成了逃脱地主的农民们和一些守旧派的避难所,因为土壤贫瘠,所以民间的手工艺成了新的生存的来源,新的手工业把当地居民和那些守旧派的逃亡者的古老的传统融为一体。据推测,霍赫洛玛彩画于12世纪在伏尔加河左岸的一些村庄里出现。目前霍赫洛玛彩画的故乡被认为是下诺夫哥罗德地区的科维尔尼诺镇。现在霍赫洛玛彩画有两个中心——谢苗诺夫城和科维尔尼诺区的肖米诺镇。

## Диалог 2

— Добро́ пожа́ловать в магази́н кита́йского ча́я! Чем я могу́ вам помо́чь?

— Де́вушка, бу́дьте добры́, вы не мо́жете мне порекомендова́ть, како́й чай лу́чше вы́брать?

— Это зави́сит от того́, кому́ вы хоти́те подари́ть. В на́шем магази́не вы мо́жете купи́ть настоя́щий кита́йский чай: Пуэ́р, Улу́н, чёрный, зелёный, бе́лый, жёлтый чай.

— Мне давно́ изве́стно, что чай «Куди́н» облада́ет лече́бным сво́йством, э́то пра́вда?

— Да, вы пра́вы. «Куди́н» нормализи́рует у́ровень са́хара в крови́, что де́лает его́ незамени́мым напи́тком для больны́х са́харным диабе́том.

— Говоря́т, что он сли́шком го́рький.

— Не пережива́йте, снача́ла попро́буйте са́ми! Он отно́сится к сорта́м зелёного ча́я, и, хотя́ он име́ет горькова́тый вкус, всегда́ сопровожда́ется сладкова́тым послевку́сием.

— Вку́сно! Мне сра́зу он понра́вился! Ду́маю, что э́то для ма́мы са́мый хоро́ший пода́рок! Ско́лько сто́ит одна́ ба́ночка?

— По ры́ночной сто́имости-55 юа́ней, а у нас продаётся со ски́дкой, то́лько за 40 юа́ней.

— Зна́чит, мне о́чень повезло́. Тогда́ упаку́йте мне, пожа́луйста, 5 ба́ночек.

— С вас всего 200 юаней, заплатите в кассу, она находится в левом углу.
— Большое спасибо, вы очень любезны.
— К вашим услугам!
— 欢迎光临中国茶店！您有什么需要呢？
— 姑娘,劳驾您能否推荐一下最好选择什么样的茶吗？
— 这取决于您想买给什么人。您在我们这里可以买到正宗的中国茶,如：普耳、乌龙、红茶、绿茶、白茶、黄茶。
— 我早就听说苦丁茶有治疗效果,是真的吗？
— 您说得对,苦丁茶最大的疗效就是平衡血液中的糖份含量,对于糖尿病人来说是不可替代的饮品。
— 听说,这茶很苦啊？
— 不会,您亲自品尝一下,苦丁茶是绿茶的一种。虽然有点儿苦,但喝了之后就有微甜的余味。
— 很好喝！我一下就喜欢上它了,我想,对母亲来说这是最好的礼物了。多少钱一罐呢？
— 市场价 55 元一罐,我们店打折出售,只售 40 元。
— 那我太幸运了,请给我包 5 罐吧。
— 总共 200 元,请到收银台付款,收银台在左侧角落里。
— 多谢了,您服务太周到了。
— 愿意为您效劳。

### Диалог 3

— Здравствуйте!
— Добрый день! Девушка, мне очень нравится жемчуг! Я хотела бы купить бусы из натурального морского жемчуга в подарок, поможете мне выбрать?
— С удовольствием. На какую сумму вы хотите?
— Примерно 6000 юаней.
(Девушка показывает несколько ниток бус.)
— Девушка, как вы считаете, какой цвет лучше взять?
— Обычно предпочитают белый цвет. Вы знаете, что жемчуг — это символ чистоты и невинности? Вот смотрите, как блестит! Берите эти бусы!
— Хорошо, уговорили! Беру 5 штук. А если нить порвётся, вы сможете снова собрать мне бусы? Или застёжка сломается?

— Да, это не проблема! Мы оказываем услуги по ремонту украшений из жемчуга. Сейчас я выпишу вам фактуру, по которой вы сможете пользоваться бесплатной гарантией на ремонт в течение трёх месяцев.

— 您好!
— 下午好,姑娘,我非常喜欢珍珠产品,打算买些天然海水珍珠项链作礼物,您能帮我挑选吗?
— 很高兴。您打算花多少钱呢?
— 大概6000元。
(服务员展示了几串珠子。)
— 姑娘,您觉得,买什么颜色好呢?
— 一般都选白色。原本珍珠就是纯洁无暇的象征。请看,它的光泽度。您就买这串吧!
— 好的,就听您的,买5条。如果线断了或者扣坏了,你们提供珍珠饰品修复服务吗?
— 没问题,我们提供珍珠饰品维修服务。现在我就给您开发票,凭发票售后三个月内您可以享受免费维修。

## 四、退换货 Замена товаров

 Диалог

— Простите, девушка, я купил у вас этот цветной телевизор на прошлой неделе, но мне не нравится его изображение. Я хотел бы получить деньги назад.

— Простите, но я боюсь, что мы не возвратим деньги за товар. Могу я посмотреть чек? Мы можем вам дать кредит в нашем магазине на эту сумму, или обменять на что-нибудь равноценное.

— Хорошо. Тогда я хочу замену.

— Вообще-то, вам очень повезло. У нас распродажа на этой неделе, и некоторые товары продаются по льготным ценам. Сейчас можно очень выгодно купить этот цифровой фотоаппарат Nikon D5200. Вы знаете, он предназначен для профессионалов, а купить его можно всего за 15 тысяч рублей. Мы продаём его за 68 процентов от своей цены. Гарантия на него 1 год по всей стране.

— Мне кажется, это всё-таки дорого для меня.

— Нет, извините, цена просто фантастическая. Это дёшево, поверьте мне. Мы продáли сóтни таки́х, а вчерá я былá на склáде, оказáлось, что э́тот ужé послéдний.

— Послéдний? Тогдá я берý егó. Скóлько я дóлжен доплати́ть?

— Всегó 300 рублéй.

— Могý я заплати́ть креди́тной кáртой?

— Креди́тная кáрта подойдёт. Спаси́бо!

— 姑娘，打扰一下，我上周在你们这儿买了一台彩色电视机，成像我不喜欢，我想退货返款。

— 先生，不好意思，我们不能给您退货返款，我可以看一下发票吗？我可以在我们商场将货款给您办理为预存款，或者换同等价位的商品。

— 好吧，那我就换货吧。

— 先生，您很幸运，我们这周部分商品低价清仓出售，现在可以便宜购买这款尼康 D5200 数码相机。您知道吗，这款相机是给专业人员用的，买的话只需15000卢布。我们6.8折出售，全国联保一年。

— 我还是觉得有些贵。

— 不，先生，价格很优惠了，请相信我，这款我们已经卖了几百台了，昨天我查了库里只剩这一台了。

— 最后一台了？那我就买了吧，我还需要补多少钱？

— 300 卢布。

— 我可以用信用卡支付吗？

— 可以，谢谢！

### 附录：各种食品、日用品名称
### Назвáния разли́чных продýктов и предмéтов бы́та.

**食品类：**

колбасá 香肠；батóн 长面包；лепёшка 蛋糕饼；каравáй 大圆面包；бýлочка 小白面包；сухáрь 面包干；калáч 大面包圈；лавáш 烙面饼；бутербрóд 夹肉面包 сáндвич 三明治；хот-дóг 热狗；лапшá 面条；быстрозавáриваемая вермишéль/лапшá бы́строго приготовлéния 方便面；макарóны 空心粉；картóфельное пюрé 马铃薯泥，土豆泥；картóфель фри 土豆泥/条；мяснóй паштéт 午餐肉；паштéт из ветчины́ 火腿午餐肉；говя́жьи консéрвы 牛肉罐头；паштéт из печёнки 肝酱 кури́ные (ры́бные / фруктóвые) консéрвы 鸡肉 (鱼类/水果)罐头；варéнье 罐头果酱

## 最简俄语日常会话

**奶制品、油品类：**

кефи́р 酸牛奶；йо́гурт 果味（带果肉）酸奶；сли́вки 乳脂；творо́г 奶渣；сухо́е молоко́ 奶粉；ма́сло 黄油

**蔬菜、海产品类：**

морко́вь 胡萝卜；ре́пчатый лук 洋葱；коча́нная капу́ста 卷心菜；сельдере́й 芹菜；баклажа́н 茄子；кабачо́к 西葫芦；сала́т 生菜；пеки́нская капу́ста 大白菜；цветна́я капу́ста 花菜；ре́дька 萝卜；шпина́т 菠菜；ты́ква 南瓜；шампиньо́н 香菇；пе́рец 辣椒；петру́шка 香菜；имби́рь 生姜；чесно́к 大蒜；мя́со ры́бы 鱼肉；сарди́на 沙丁鱼；туне́ц 金枪鱼；лосо́сь / сёмга 鲑鱼；сельдь 鲱鱼；у́горь 鳗鱼；щу́ка 狗鱼；карп 鲤鱼；кара́сь 鲫鱼；сом 鲶鱼；икра́ 鱼籽；бочо́нок с икро́й 盒装鱼子酱；рак 虾；креве́тка 小虾；гребешо́к 扇贝；краб 蟹；морско́й же́мчуг 海洋珍珠

**水果类：**

мангуста́н 山竹；карамбо́ла 杨桃；гуа́ва 番石榴；рамбута́н 红毛丹；фрукт о́гненного драко́на 火龙果；аре́ка 槟榔

**饮品类：**

безалкого́льные напи́тки 无酒精饮料；минера́льная вода́ 矿泉水；газиро́ванная вода́ 苏打水；сок 果汁；ко́ка-ко́ла 可口可乐；пе́пси-ко́ла 百事可乐；квас 克瓦斯饮料；алкого́льные напи́тки 含酒精饮料；во́дка 伏特加；вино́ 葡萄酒；конья́к 白兰地；коктей́ль 鸡尾酒；ко́фе 咖啡；ко́фе без молока́ 不加奶的咖啡；ко́фе с молоко́м 加奶的咖啡；чай с са́харом 加糖的茶；чай без са́хара 不加糖的茶

**服装类：**

хлопчатобума́жная ткань 棉布；шёлк 绸；сукно́ 呢料；ба́рхат 天鹅绒；полиэфи́р 涤纶；нейло́н 尼龙；нитро́н / акри́л 腈纶；костю́м 西装（一套）；пиджа́к 西服上装；брю́ки 裤子；Ципа́о（кита́йский же́нский хала́т）旗袍；фо́рма 制服；спорти́вный костю́м 运动服；купа́льный костю́м 泳装；купа́льник 女式泳衣；пла́вки 男式游泳裤；купа́льная ша́почка 泳帽；ю́бка 裙子；мини-ю́бка 超短裙；пла́тье 连衣裙；руба́шка 衬衣；блу́зка 女短衫；га́лстук 领带；джи́нсы 牛仔裤；трусы́ 短裤；ни́жнее белье́ 内衣；сви́тер 毛衣；ша́пка 暖帽；шля́па 带沿的帽

шарф 围巾；перча́тки 手套；носки́ 短袜；чулки́ 长袜；о́бувь 鞋；боти́нки 高靿鞋；но́вый фасо́н 新式样；изве́стная ма́рка 名牌

примеря́ть 试穿；сове́товать 建议

**日用品类：**

салфе́тка 餐巾，小桌布；ска́терть 桌布；台布；ку́хонная посу́да 厨房用具；полиэтиле́новый паке́тик 聚乙烯塑料袋；поднос́ 托盘；ви́лка 叉子；ло́жка 勺子；нож

刀子；сковорода́ 锅；кастрю́ля 平锅；стира́льный（мы́льный）порошо́к 洗衣粉；туале́тное мы́ло 香皂；шампу́нь 洗发水；лосьо́н 润肤液；духи́ 香水；крем 护肤霜；полоте́нце 毛巾；ба́нное полоте́нце 浴巾；пе́пельница 烟灰缸；тру́бка 烟斗；ва́за 花瓶；зажига́лка 打火机；зубна́я щётка 牙刷；зубна́я па́ста 牙膏；зубочи́стка 牙签；но́жницы для ногте́й 指甲剪；маникю́рный набо́р 一套修指甲用具；щётка 刷子；黑板擦；щётка для о́буви 鞋刷；электри́ческий утю́г 电熨斗；электроча́йник 电茶壶；нару́чные часы́ 手表；электро́нные часы́ 电子表；буди́льник 闹钟；ла́мпа 灯；насто́льная ла́мпа 台灯；прикрова́тная ла́мпа 床头灯；лю́стра 枝形吊灯；абажу́р 灯罩；ру́чка 钢笔；кисть 毛笔；черни́ла 钢笔水；ша́риковая ру́чка 圆珠笔；рези́нка 橡皮；клей 胶水；тетра́дь 练习本；бума́га 纸张；скре́пка 钉书钉；回形针；сшива́тель 钉书机

礼品类：

расписна́я деревя́нная посу́да 彩绘木器皿；ту́льский самова́р 图拉茶炊；хохлома́ 有霍赫洛玛装饰的木器；корзи́нка, ко́роб, шкату́лка из бересты́ 桦树皮制的篮、筐、首饰盒；наро́дные украше́ния и вы́шивка 民间装饰品及刺绣品；альбо́м с ру́сской жи́вописью 俄罗斯风景画册；пёстрые веера́ 色彩斑斓的扇子；изде́лия из шёлка 丝绸制品；туристи́ческая пала́тка 旅游帐篷

## Ⅳ. 谈天说地 Бесе́ды на ра́зные те́мы

### 一、谈时间（日期、节日）
### О вре́мени и да́те, о пра́здниках.

#### ♠俄罗斯人的时间观念

俄罗斯人在时间安排上比较随意。无论在哪里办什么事，如食堂吃饭、医院看病、超市买东西、银行存款、甚至机场出海关等等都要排队，到了中午休息或者下班时间，工作人员会准时下班休息，不管有多少人在等待。但去俄罗斯人家中做客时最好准时到达主人家，如果不能按时到达，则一定要提前告诉主人你要晚一点去。做客要讲究分寸，不要呆太久，即使聊得再尽兴，主人再热情挽留你，也要掌握时间，给彼此留下意犹未尽的美好回忆最重要。

## 最简俄语日常会话

### 📞 Диалог 1

— Мария, давайте поедем на Арбат[1]. Я слышала, что там недавно открылся женский обувной магазин, все туфли европейского производства.

— Сейчас?! Сейчас слишком поздно, уже совсем темно. Давайте завтра туда поедем.

— Когда?

— После занятий, в 3 часа.

— Хорошо, договорились!

— 玛丽亚,我们去阿尔巴特大街吧!我听说那儿新开了家女鞋店,所有的鞋都是欧洲产的。

— 现在吗?现在太晚了,已经很黑了,我们明天去吧!

— 什么时候呢?

— 明天上完课,3点钟吧。

— 好的,说定了。

**注释**

1. 指阿尔巴特大街,是莫斯科市中心的一条著名步行街,紧邻莫斯科河。

### 📞 Диалог 2

— Миша, который час? Мы не опоздаем в театр?

— К сожалению, я не могу подсказать тебе время, потому что мои часы стоят. Но, кажется, что бьют куранты Кремля, значит, уже семь.

— Да ведь я уже опоздал! Я уже давно пытался купить билет на этот спектакль и, наконец, когда мне это удалось, не хватало ещё и опоздать!

— В котором часу начнётся балет?

— В восемь часов вечера.

— Как опоздал? У тебя в запасе почти целый час, а езды до театра минут 10-15, не больше.

— Но всё равно надо поспешить! Не забудь, что сегодня пятница и час-пик.

— 米沙,几点了?我们看剧是不是要迟到了?

— 很抱歉,我没法告诉你时间,我的表停了,但好像克里姆林宫的钟正在敲响。已经七点了。

# 第一部分：典型情景交流

— 那我已经晚了！我早就想买这场剧的票了，好不容易买到了，却又晚了。
— 芭蕾舞几点开始啊？
— 晚上八点。
— 怎么晚了？你还有差不多整整一个小时呢，到剧院也就最多 10～15 分钟的车程。
— 那也应该快点了，你别忘了，今天是周五，现在是车行高峰时段。

## 📞 Диалог 3

— Люба, на следующей неделе у нас начинаются каникулы.
— Правда, Ниночка? Как прекрасно! Я так по тебе скучаю! Когда ты приедешь ко мне в Москву? Ведь ты уже давно об этом мечтала.
— Я собираюсь полететь третьего числа следующего месяца, как только сдам все экзамены.
— Хорошо, я буду встречать тебя.
— До скорой встречи!

— 柳芭，我们下周开始放假。
— 真的吗，尼娜？太好了！我可想死你了，你什么时候来莫斯科到我这儿？你不早就想来了吗？
— 我打算下个月3号考完试就走。
— 好，到时候我去接你。
— 见面聊。

## 📞 Диалог 4

— Доброе утро, ребята!
— Здравствуйте, Любовь Ивановна!
— Какой сегодня день?
— Четверг.
— А какое сегодня число?
— Девятое мая.
— Правильно! Молодцы! А вы знаете, какой праздник отмечают сегодня в России?
— День Победы[1].
— Совершенно верно! Шестьдесят восемь лет тому назад, в 1945 (тысяча девятьсот сорок пятом) году мужественные русские солдаты победили фашистс-

кую а́рмию!

— С 1995 (ты́сяча девятьсо́т девяно́сто пя́того) го́да в Москве́ на Кра́сной пло́щади ежего́дно прово́дится вое́нный пара́д — в честь Дня Побе́ды сове́тского наро́да в Вели́кой Оте́чественной войне́.

— Дава́йте вме́сте посмо́трим прямо́й эфи́р телекана́ла онла́йн.

— 同学们，早上好！
— 您好，柳葆芙·伊万诺芙娜！
— 今天星期几？
— 星期四。
— 今天是几号？
— 5月9日。
— 正确，好样的！你们知道吗，今天在俄罗斯庆祝什么节日？
— 胜利日。
— 完全正确！68年前，1945年勇敢的俄罗斯士兵战胜了法西斯。
— 柳葆芙·伊万诺娃，从1995年起每年在莫斯科红场上举行阅兵式，以纪念苏联人民伟大的卫国战争胜利。
— 我们一起在线观看直播吧！

注释

1. 1945年5月9日这一天成为粉碎法西斯德国的胜利日。苏联卫国战争为世界人民反法西斯战争的胜利做出了重要贡献。每年这一天在红场上举行盛大的阅兵仪式。每逢胜利日来临，人们都会以各种方式纪念那个历史性时刻。许多人在胸前和手臂佩戴一条黄黑条纹相间、被视为勇敢和胜利象征的"乔治丝带"。其中最虔诚的是二战老兵，他们是这个节日的主角，也是最受尊敬的人。

## Диалог 5

— Я хочу́ купи́ть биле́т на самолёт до Москвы́ на четы́рнадцатое февраля́.

— На э́то число́ биле́тов нет. Есть на семна́дцатое.

— Тогда́ да́йте мне, пожа́луйста, биле́т в сало́н пе́рвого кла́сса.

— К сожале́нию, все биле́ты в сало́н пе́рвого кла́сса заброни́рованы для гру́ппы иностра́нных тури́стов.

— А в сало́н би́знес-кла́сса?

— То́же про́даны. Оста́лись биле́ты то́лько в сало́н эконо́м-кла́сса.

— Ну, ничего́ не поде́лаешь, придётся лете́ть в эконо́м-кла́ссе.

— 我想买一张到莫斯科的机票。要 2 月 14 日的。
— 这个日期的票没有了。有 2 月 17 日的。
— 那么请给我一张头等舱的票。
— 很遗憾,头等舱都让外国旅游团预定去了。
— 那公务舱还有位置吗?
— 也卖光了,只剩经济舱了。
— 没办法,只好坐经济舱了。

♠ **Акти́вные выраже́ния** 常用词语

до обе́да, /в пе́рвой полови́не дня (在)上午

по́лдень 中午

по́сле обе́да, /во второ́й полови́не дня(在)下午

в пе́рвой (во второ́й) полови́не го́да 在上半年(下半年)

в э́том (про́шлом, /бу́дущем) году́ 在今年(去年/明年)

Како́е сего́дня число́? 今天几号? Сего́дня пя́тое ию́ня. 今天是 6 月 5 日。

Како́й сего́дня день? 今天星期几? Сего́дня понеде́льник (вто́рник, среда́, четве́рг, пя́тница, суббо́та, воскресе́нье) 今天是周一(周二,周三,周四,周五,周六,周日)

Когда́ у вас день рожде́ния? 您什么时候过生日? Пе́рвого сентября́ 九月一日

че́рез не́сколько дней 几天后

на дня́х 几天内

в тече́ние дня 一天内

в настоя́щее вре́мя 目前

часы́ спеша́т(отстаю́т) на де́сять мину́т 表快(慢)10 分钟

часы́ точны́ 表走的准

Уже́ нет вре́мени. (我)没时间了。

Ещё есть вре́мя. 还有时间。

Вы не ска́жете, кото́рый час? ( = Ско́лько вре́мени?) 请问,现在几点了?

Ро́вно де́сять часо́в. 10 点整。

Семь часо́в три́дцать мину́т ( = семь три́дцать = полови́на восьмо́го = полвосьмо́го) 七点半。

Во ско́лько вы мо́жете прийти́? 您几点钟能到?

В семь три́дцать. ( = полвосьмо́го = в полови́не восьмо́го) 在七点半

## Диалог 6

— Дорога́я Любо́вь Ива́новна, разреши́те поздра́вить вас с Днём учи́теля[1]! Мы жела́ем вам кре́пкого здоро́вья, всего́-всего́ са́мого хоро́шего и исполне́ния всех жела́ний! Э́то вам цветы́ и на́ши скро́мные пода́рки.

— Большо́е вам спаси́бо, ребя́та! Я о́чень ра́да получи́ть ва́ши поздравле́ния!

— Ребя́та, предлага́ю тост за здоро́вье и сча́стье на́шего преподава́теля!

— 亲爱的柳葆芙·伊万诺夫娜,请允许向您祝贺教师节快乐。我们祝您身体健康,一帆风顺,万事如意! 这是给您的鲜花和小礼物。

— 谢谢你们,同学们! 我很高兴收到你们的祝愿!

— 同学们,我提议为我们老师的健康、幸福、快乐干杯!

注释

1. 即教师节。每年10月的第一个周日为教师节。学生们会给老师送鲜花并组织晚会、表演戏剧等向老师庆祝节日。

## Диалог 7

— Ско́ро пра́здник Пе́рвого ма́я. Бори́с, у тебя́ каки́е пла́ны?

— Я то́лком не ду́мал. Но обяза́тельно пое́ду куда́-нибудь. А ты?

— Я собира́юсь пое́хать на терма́льные исто́чники. Дава́й вме́сте пое́дем!

— Хоро́шая иде́я! Я уже́ мно́го слы́шал о терма́льных исто́чниках. Говоря́т, что они́ во мно́гом помога́ют челове́ку стать здоро́вым.

— Действи́тельно, купа́ние в э́тих исто́чниках помога́ет излечи́ть мно́гие боле́зни и снять уста́лость. Я реши́л пое́хать с тобо́й!

— 很快就到"五一"节了,你有什么计划?

— 还没仔细想过,但是一定会去什么地方,你呢,有什么计划?

— 我打算去泡温泉,我们一起去吧。

— 好主意,我早就听说温泉了,听说,在很多方面能帮人变得健康。

— 确实是这样,泡温泉能帮助治疗很多疾病,还能消除疲劳。我决定和你一起去。

## Диалог 8

— Ле́на, давно́ тебя́ не ви́дела, где ты была́?

— Я была́ на пра́ктике, рабо́тала в ру́сском рестора́не.
— Ну, как твоя́ пра́ктика, интере́сно бы́ло?
— Коне́чно! Я не то́лько улу́чшила у́стную речь, но и узна́ла о мно́гих ру́сских тради́циях.
— Да? Расскажи́ мне, я так ма́ло зна́ю об э́том!
— Наприме́р, мы вме́сте отмеча́ли пра́здник «Ма́сленица[1]».
— Что э́то за пра́здник?
— Э́то обы́чай провожа́ть зи́му и встреча́ть весну́. Пра́здник продолжа́ется неде́лю. Лю́ди едя́т блины́[2] и организу́ют ра́зные мероприя́тия. Они́ пою́т и танцу́ют по у́лицам.
— Так интере́сно! Хоте́ла бы посмотре́ть всё свои́ми глаза́ми.
— В сле́дующем году́ я приглашу́ тебя́ на Ма́сленицу.
— Договори́лись!

— 列娜,好久没看到你了,去哪了?
— 我去实习了,在一家俄罗斯餐厅工作。
— 实习得怎么样,有意思吗?
— 当然了,不仅提高了口语水平,还了解了很多俄罗斯传统。
— 是吗? 那快给我讲讲,这方面我了解的很少。
— 比如,我们一起庆祝"谢肉节"。
— 这是什么节日啊?
— 这是送冬迎春的传统。节日持续一周。人们吃薄饼,组织各种活动。他们沿街载歌载舞。
— 太有意思了! 我真想亲眼看看这一切。
— 明年我邀请你参加"谢肉节"活动。
— 一言为定。

**注释**

1. 谢肉节,是多神教的节日,它的前身是古斯拉夫人的春耕节。人们认为冬去春来是春神雅利洛战胜严寒和黑夜的结果,因此每年2月底3月初都要举行隆重的送冬迎春仪式。节期安排在春季大斋前一周,这一周过后,进入40天的大斋期,期间人们禁止娱乐、吃肉,故称谢肉节。

2. 薄饼,在俄罗斯谢肉节这天要吃的圆圆的、热热的薄饼,是春天太阳的象征,它把偶像崇拜和宗教风俗巧妙地融合在一起。

## Диалог 9

— Ни́на, ско́ро зи́мние кани́кулы, куда́ ты собира́ешься пое́хать?

— Пока́ не реши́ла, но мне интере́сно посмотре́ть, как кита́йцы отмеча́ют пра́здник Весны́.

— Зна́чит, ты приняла́ пра́вильное реше́ние! Пра́здник Весны́ явля́ется са́мым ва́жным традицио́нным пра́здником в Кита́е. Приходи́ ко мне, и мы бу́дем вме́сте справля́ть пра́здник! Ты не пожале́ешь!

— Спаси́бо! С удово́льствием! Обяза́тельно приду́.

— Договори́лись!

(Друзья́ вме́сте отмеча́ют Пра́здник Весны́)

— Приве́т, Ни́на, проходи́, о́чень ра́да тебя́ ви́деть.

— До́брый ве́чер, Лю́ба! С пра́здником! Это тебе́ скро́мный пода́рок на пра́здник.

— Ой, спаси́бо! Раздева́йся, сади́сь! А я сейча́с принесу́ тебе́ ча́шку ко́фе.

— Дава́й я помогу́ тебе́ гото́вить. Лю́ба, ско́лько дней дли́тся Пра́здник Весны́?

— Пра́здник Весны́ продолжа́ется с 1 по 15 января́ по лу́нному календарю́ и дли́тся 15 дней, вплоть до дня Юаньсяо.

— Как отмеча́ют э́тот Кита́йский Но́вый год?

— В пра́здник Весны́ лю́ди устра́ивают разли́чные пра́зднества и развлече́ния.

— В кану́н Но́вого го́да в Кита́е обы́чно собира́ются всей семьёй за столо́м, гото́вят пельме́ни, накле́ивают на две́ри па́рные на́дписи с пожела́ниями сча́стья и благополу́чия.

— Мне осо́бенно нра́вятся кита́йские пельме́ни.

— Я научу́ тебя́ лепи́ть пельме́ни. Пото́м включу́ телеви́зор и бу́дем смотре́ть нового́дний ве́чер.

——尼娜,很快就要放假了,你打算去哪里?

——暂时还没有决定,不过我倒是很乐意看看中国人是如何庆祝春节的。

——这说明你做了一个明智的决定。春节是中国最重要的传统节日。你到我家来吧,我们一起过春节,你不会后悔的。

——谢谢,我很高兴,一定会去的。

——一言为定啊!

## 第一部分：典型情景交流

（朋友们一起过春节）

— 你好，尼娜，快请进，很高兴见到你。

— 晚上好，柳芭！节日快乐！这是送给你的节日薄礼。

— 哎呀，谢谢！快脱下外衣，请坐！我给你倒杯咖啡。

— 我来帮你做饭吧。柳芭，春节一般持续多少天啊？

— 从阴历一号到十五号，持续十五天，直到元宵节。

— 如何过节呢？

— 春节时会举办各种各样的娱乐庆祝活动。春节前夕一家人团聚在一起，包饺子，在门上贴写满祝福的对联。

— 我特别喜欢吃中国的饺子。

— 我教你包饺子。现在我把电视机打开，我们一起观看新春晚会。

### ♠ 俄罗斯的节日

俄罗斯是一个多节日的国家。俄罗斯的很多节日具有鲜明的民族性，反映了俄罗斯民族的思想、传统和风俗习惯。在当今俄罗斯，人们乐于庆祝所有的节日——无论是旧的还是新的、世俗的还是宗教的、家庭的还是职业的。一般节日分四类：俄罗斯联邦的新节日（如：祖国保卫者日、春天和劳动节、胜利日、和谐和解日、独立日、宪法日、人民团结日等）、东正教最大的节日（复活节、圣诞节、谢肉节等）、传统节日、苏联的节日。下面列举一些中俄流行的节日：

1月1日：Новогодний праздник（Новый год）新年

1月7日：Рождество Христово 主降生日（东正教圣诞节）

2月14日：День Святого Валентина（День влюблённых）圣瓦连京节（情人节）

2月23日：День защитников Отечества 卫国战士日（俄罗斯又称男人节）

2月底3月初：Масленица 谢肉节，又叫送冬节。

3月8日：Международный женский день 三八妇女节（国际性节日）

3月底4月初：Пасха 复活节

5月1日：Праздник Весны и Труда 五一劳动节（国际性节日）

5月9日：День Победы 胜利日（纪念伟大的卫国战争胜利）

6月12日：День принятия декларации о государственном суверенитете Российской Федерации 俄罗斯联邦国家主权宣言日

9月1日：День знаний 知识节（俄罗斯学校开学日）

♠ **Акти́вные выраже́ния** 常用词语

юбиле́й（годовщи́на）сва́дьбы 结婚周年纪念日

пра́здник влюблённых 情人节

выходно́й день 休息日

проводи́ть пра́здник 过节

устро́ить пра́здник 举办节日晚会

игра́ть му́зыку 演奏音乐

Де́ти получа́ют шокола́дные я́йца. 孩子们收到巧克力蛋。

жела́ть «Счастли́вого Но́вого го́да» 祝愿新年快乐

сде́лать пода́рок 准备礼物

собира́ться всей семьёй 全家聚集在一起

пра́здновать с семьёй и друзья́ми 和家人朋友一起庆祝

развлека́ться（＝смея́ться，танцева́ть，говори́ть）娱乐（＝欢笑、跳舞、聊天）

приглаша́ть друзе́й к себе́ или в рестора́н 邀请朋友和家人到家里或到饭店吃饭

ходи́ть в го́сти к друзья́м，к ро́дственникам 去亲朋好友那儿做客

## 二、谈天气 Разгово́р о пого́де

**俄罗斯的气候**

俄罗斯联邦共和国是一个幅员辽阔的国家,正因为如此,俄罗斯的气候也根据地域的变化而呈现不同的特点,可谓千差万别,西伯利亚北部是寒冷的北极气候,而在俄罗斯黑海之滨的索契和其他城市,人们常年享受的却是亚热带的温暖。俄罗斯气温最低的地区是北部的雅库茨克自治共和国,历史上有记载的最低温度是1926年冬天,达到了摄氏零下71度。严寒(моро́з)可以说是俄罗斯气候的一大特色。俄语中形容严寒的词汇也特别丰富,如:соба́чий хо́лод,треску́чий моро́з（严寒,酷寒）,креще́нские моро́зы（隆冬,酷寒,指一月下半月最冷的时节）。

日常交谈的话题总是和每个国家人们的生活方式紧密相连的。因为天气是谁都关心又谁都不得罪的应酬话。但和其他国家不同,俄罗斯人常常谈论坏天气,如:这是什么鬼天气!（Ну и пого́да!）,又下雨了!（Ну и до́ждь!）俄罗斯人认为谈论天气的话题是老生常谈,如果滥用这一话题是会被自己朋友认为是很庸俗的。当然,如果是外国人把本国的天气与俄罗斯的天气比较来谈,是能引起俄罗斯人的兴趣的。

# 第一部分：典型情景交流

## 📞 Диалог 1

— Приве́т, Ни́на!
— Приве́т, Зи́на! Сего́дня замеча́тельный день, не пра́вда ли?
— Про́сто сего́дня ти́хо и тепло́.
— Кста́ти, ты не слы́шала, ско́лько гра́дусов сего́дня?
— Сего́дня доста́точно тепло́-28 гра́дусов.
— Замеча́тельно! Прекра́сная пого́да для прогу́лки.
— Безусло́вно. Мне нра́вится и́менно така́я пого́да, про́сто я не переношу́ си́льной жары́.

— 你好,尼娜。
— 你好,吉娜。今天天气不错,是吧?
— 嗯,今天宁静而温暖。
— 顺便问一下,你听天气预报了吗,今天多少度?
— 今天非常暖和——28度。
— 太好了!是郊游的绝好天气。
— 当然了,我就喜欢这样的天气,我受不了热。

## 📞 Диалог 2

— До́брое у́тро, Ири́на Петро́вна! Как ва́ши дела́?
— Всё в поря́дке, спаси́бо, Серге́й Ива́нович. А вы как?
— Пре́красно, спаси́бо. Хоро́ший день, пра́вда?
— Я так не ду́маю. Хотя́ намно́го тепле́е, чем вчера́, но дождь идёт, сы́ро. Кста́ти, вы не слы́шали прогно́з пого́ды на сего́дня?
— Слы́шал. У́тренний дождь до́лжен переста́ть к полу́дню и втора́я полови́на дня бу́дет тёплой и со́лнечной с температу́рой ме́жду 18 и 20 гра́дусами.
— А что нас ждёт за́втра?
— Говоря́т, что измене́ния бу́дут незначи́тельными, так что, я ду́маю, что бу́дет не́сколько хоро́ших дней.
— Прекра́сно! Хоро́шие выходны́е — э́то то, что всем нам необходи́мо, пра́вда?
— Да, действи́тельно. До свида́ния, Ири́на Петро́вна!
— До свида́ния, Серге́й Ива́нович!

— 早上好,伊莉娜·彼得洛芙娜,近况如何啊?

— 正常,谢谢,您呢,谢尔盖·伊万诺维奇。
— 很好,谢谢。天气不错,是吧?
— 我不这么认为,虽说比昨天暖和多了,但是下着雨,很潮湿。对了,您没听今天的天气预报吗?
— 听了,中午前雨会停,下午会暖和晴天,气温 18~20 度之间。
— 明天的天气会是什么样呢?
— 据说,变化不大,所以我想,会有几个好天。
— 太好了,周末天气好是我们都需要的,对吧?
— 是的,的确是这样。再见,伊莉娜·彼得洛芙娜。
— 再见,谢尔盖·伊万诺夫。

## Диалог 3

— Вы думаете, что в Санья в августе слишком жарко?
— Да, на пляжах гораздо меньше людей, чем в зимние месяцы. Видите ли, я не переношу жары. Я предпочитаю в это время ездить в провинцию Юйньнань. Там в августе, хотя ещё и много солнца, но уже не слишком жарко.
— Я могу пойти в отпуск и в августе! И, кроме того, я люблю, когда тепло. Я ненавижу дождь, ветер и холод.
— Я тоже.

— 您觉得三亚八月份会很热吗?
— 是的,您看,沙滩上的人比冬要少得多。我就受不了热天,我认为这段时间去云南比较好。八月份的时候,那里虽然太阳很足,但天气已经不是很热。
— 我八月份也可以去度假,而且我喜欢温暖的天气。最受不了下雨、刮风还有寒冷。
— 我也是。

## Диалог 4

— Нина, мы живём в Санья уже второй год, ты уже привыкла к климату?
— Нет, я всё равно не могу привыкнуть к летней жаре, а зимой — это уже другое дело. Солнце, море, пляж... всё прекрасно.
— И мне тоже нравится саньяская зима. Но всё же я предпочитаю северную зиму.
— Что ты, Люба! Говорят, что зимой на севере ужасный холод!
— Холод, как холод! Зато настоящая зима! Мы катаемся на коньках, бега-

ем на лы́жах. Осо́бенно хорошо́, когда́ выпада́ет снег — всё де́лается бе́лым, во́здух чи́стый. И предста́вь себе́, мно́гие да́же пла́вают в реке́, таки́е сме́лые и закалённые!

— Зна́чит, твоё са́мое люби́мое вре́мя го́да — э́то зима́? А я ни ра́зу не была́ на се́вере.

— Да, зима́! Ни́на, а како́е вре́мя го́да ты лю́бишь?

— Мне нра́вится о́сень в моём родно́м го́роде. Пого́да прохла́дная, иногда́ идёт дождь. Ча́сто вспомина́ю, как мы с друзья́ми гуля́ли по алле́ям па́рка по́сле дождя́, собира́ли жёлтые и кра́сные ли́стья, пе́ли и смея́лись!

— Тогда́ приезжа́й ко мне в Харби́н в зи́мние кани́кулы! Я покажу́ тебе́, что тако́е настоя́щая зима́.

— А ты во вре́мя Национа́льного пра́здника о́сенью сле́дующего го́да — ко мне. Я поведу́ тебя́ любова́ться красото́й приро́ды моего́ го́рода.

— 尼娜，我们在三亚生活已经快两年了，你已经习惯这儿的气候了吗？

— 不，我还是没有习惯，夏天太热了。不过冬天就是另外一回事了，阳光、海水、沙滩……一切都很美。

— 我也喜欢三亚的冬天，不过我还是认为北方的冬天比较好。

— 你说什么呢，柳芭！据说北方的冬天冷得令人恐怖。

— 冷是冷，不过那可是真正的冬天啊！我们滑冰、高山滑雪。特别是雪后，周围的一切变得雪白，空气很清新。你想象一下，很多人还在河里游泳呢，他们多勇敢，身体多结实！

— 就是说，你最喜欢的季节是冬季了，我一次也没去过北方。

— 是的，尼娜，你喜欢哪个季节呢？

— 我家乡的秋天。天气凉爽，有时会下雨。我常回忆起我和朋友们在雨后的林荫路上散步，我们唱着笑着，拾着黄色、红色的树叶，真开心啊！

— 那我们说好了，寒假你来我们哈尔滨，我带你领略什么是真正的冬天。

— 那明年秋天国庆节你到我家来，我带你欣赏我家乡的自然美景。

♠ Акти́вные выраже́ния 常用词语

Кака́я сего́дня пого́да? 今天什么天气？
Как пого́да? 天气怎么样？
Не слы́шали прогно́з пого́ды? 您听天气预报了吗？
Там хо́лодно (жа́рко/тепло́)? 那冷（热/温暖）吗？
Кака́я сейча́с температу́ра? 现在是多少度？

Сейча́с о́коло 25 (двадцати́ пяти́) гра́дусов. 现在 25 度左右。

Прия́тное тепло́. 温度适宜。

Температу́ра па́дает. 气温在下降。

Не превыша́ет 12 (двена́дцати) гра́дусов. 不超过 12 度。

Óчень хо́лодно: о́коло 3—10 (трёх-десяти́) гра́дусов. 很冷, 3~10 度左右。

Моро́зно: ми́нус 3 (три) гра́дуса (ни́же нуля́) 在零下 3 度。

Со́лнечно. 晴天。

Со́лнце сия́ет. 阳光明媚。

Не́бо голубо́е / я́сное 蔚蓝/晴朗的天空

Краси́вый день. 天气不错。

За́втра бу́дет (хоро́шая, со́лнечная, прохла́дная, тёплая, дождли́вая, тума́нная, ве́треная, о́блачная, жа́ркая) пого́да 明天将会是(好天气,艳阳天,凉爽的天气,暖和的天气,雨天,雾天,刮风的天气,多云的天气,热天)

Сейча́с идёт до́ждь / снег. 现在下雨/下雪。

До́ждь льёт, как из ведра́. 倾盆大雨。

Гром греми́т, мо́лния сверка́ет. 电闪雷鸣。

Ско́ро должно́ проясни́ться. 很快就会放晴。

Како́е вре́мя го́да вы лю́бите? 您喜欢什么季节？

Мне нра́вится о́сень. 我喜欢秋天。

Я предпочита́ю зи́му. 我更喜欢冬天。

Я не могу́ привы́кнуть к кли́мату. 我不习惯这里的气候。

Не переношу́ жары́ / хо́лода. 我受不了热天/冷天。

## 三、谈喜爱的体育项目、谈爱好
## Разгово́р о люби́мом ви́де спо́рта, об увлече́ниях

### ♠俄罗斯的体育事业

俄罗斯人的体育运动源于原始社会的渔猎活动。彼得大帝时期,体育课首次成为学校中的必修课。莫斯科是俄罗斯的体育运动中心,市内著名的体育场有:卢日尼基体育场、狄纳摩体育场、科雷拉茨基体育场、奥林匹克运动馆等。

1999 年俄罗斯国家体委颁布了第一部体育法。俄罗斯人之所以能够创造奥林匹克运动的巨大成就与其领导人的作用密不可分。无论是苏联领导人还是三位俄罗斯总统都十分看重体育在国家事务中的地位和作用。

俄联邦拥有相当广泛的群众性体育和尖端体育运动网。俄罗斯作为昔日的世

# 第一部分：典型情景交流

界体育强国,在许多项目上仍有优势,如:各类冰雪运动、体操、艺术体操、田径、游泳、击剑、举重、国际象棋以及各类球类项目等等,俄罗斯的体育发展在20世纪90年代曾一度陷入困境,近年来俄罗斯涌现了一批享誉国际体坛的新生代体育明星,如:女子撑杆跳运动员伊辛巴耶娃,跳远运动员列别杰娃,体操明星涅莫夫、卡巴耶娃等。为了重振俄罗斯体育形象,俄罗斯也积极承办体育赛事,第27届世界大学生运动会于2013年7月在俄罗斯伏尔加河沿岸城市喀山举行,2014年索契举办冬奥会,获2018年世界杯举办权,为顺利举行这些盛会,俄罗斯投入了巨额资金进行基础设施的建设。

## Диалог 1

— Привéт, Вéра!

— Привéт, Лю́ба! Как делá?

— Спаси́бо! Я прекрáсно себя́ чу́вствую. Я то́лько что верну́лась из спорти́вного клу́ба.

— Я не знáла, что ты занимáешься спóртом.

— Да, бéгаю кáждый день пéред зáвтраком и вéчером пéред сном. А ты, Вéра?

— О, да, у меня́ достáточно мнóго спорти́вных заня́тий! По понедéльникам я хожу́ на аэрóбику. Э́то по-настоя́щему полéзно для сéрдца и помогáет мне сохраня́ть фóрму. А по средáм занимáюсь йóгой. Э́то помогáет придáть тéлу ги́бкость и расслáбиться.

— Э́то прáвда! Ты прекрáсно вы́глядишь!

— Спаси́бо! В здорóвом тéле — здорóвый дух!

— 你好,维拉!

— 你好,柳芭,近况如何?

— 感觉很好。我刚刚从体育俱乐部回来。

— 我以前不知道,你还从事体育活动。

— 是的,每天早饭前,晚上睡觉前我在操场跑步。你呢,维拉?

— 噢,是的。我的运动项目可多了。每周一我去跳韵律操,对心脏很有好处,还能有助我保持体形。周三做瑜伽,可以舒展身体,有效休息。

— 确实是,你看起来精神真不错。

— 是的,要知道"健康的精神寓于健康的身体"!

## Диалог 2

— Ты тóже игрáешь в бадминтóн?
— Да, причём достáточно мнóго. Кстáти, ещё я любúтель пинг-пóнга!
— Я прóсто обожáю пинг-пóнг! Мой друг говорúт, что я неплóхо игрáю. Мóжет, нам поигрáть когдá-нибудь?
— Но я давнó не игрáл! Боюсь, что я для тебя слúшком слáбый партнёр. Мне нýжно немнóго потренировáться!
— Что ты! Я сам новичóк. Прóсто дрýжеский матч!
— Хорошó! Встрéтимся в понедéльник.
— Лáдно! Не забýдь захватúть ракéтку! Сыгрáем матч пóсле заня́тий.
— 你也打羽毛球吗?
— 是的,而且经常打,对了我还是个乒乓球爱好者。
— 我简直是酷爱乒乓球。我朋友说我打得还不错。如果可能的话我们什么时候打一场。
— 我很久没有打了,恐怕不是你的对手,我需要练一练。
— 瞧你说的,我就是一个新手。只是一场友谊赛而已。
— 好的,那我们周一见。
— 好的,别忘了带球拍。下课后我们打场比赛。

## Диалог 3

— Здрáвствуй, Кóля!
— Здрáвствуйте, тётя Вéра!
— Я тебя́ давнó не вúдела! Как твоú делá? Что э́то ты спортúвную сýмку на плечé тáщишь?
— Да вот, идý с тренирóвки.
— Да, я пóмню! Ты кáжется, плáванием занимáлся?
— Тётя Вéра, я плáванием занимáлся óчень давнó! Ужé лет пять назáд перестáл. А послéдние четы́ре гóда я занимáюсь тéннисом.
— Óчень мóдный вид спóрта! И с вúду крéпкий такóй! Чáсто хóдишь на тренирóвки?
— Три рáза в недéлю.
— Ну и как игрáешь?
— Ничегó. Все говоря́т, что я игрáю почтú профессионáльно. Ужé собирá-

юсь уча́ствовать в городски́х соревнова́ниях по те́ннису.
— Молоде́ц! Жела́ю, что́бы ты за́нял пе́рвое ме́сто!
— Спаси́бо, тётя Ве́ра! Мне уже́ пора́ бежа́ть! До свида́ния!
— Ты так прия́тно меня́ удиви́л! Уда́чи тебе́ в спо́рте!
— 你好,科利亚!
— 维拉阿姨,您好!
— 好久没见你了,近况如何啊?你背着个运动包干什么啊?
— 我刚刚锻炼回来。
— 嗯,我记得,你好像是游泳吧?
— 哎呀,维拉阿姨,游泳那是很久以前的事了,五年前我就不游了。最近这四年我在打网球。
— 很时尚的运动啊!你看起来身体很健康啊!经常去锻炼吗?
— 一周三次。
— 打得怎么样?
— 还行,大家都说,我打得几乎是专业水平了。我准备参加市里的网球赛了。
— 好样的!祝你在比赛中夺冠。
— 谢谢维拉阿姨!我该走了,再见!
— 你很让我感到惊喜!祝你在体育中取得好成绩!

### Диало́г 4

— Ты игра́ешь в хокке́й?
— Нет, не игра́ю. Но не пропуска́ю ни одно́й ва́жной встре́чи!
— Так сего́дня же хокке́й!
— Да, я зна́ю.
— Я то́же хочу́ посмотре́ть! Бу́дем смотре́ть по телеви́зору и́ли пое́дем на стадио́н?
— Ну что ты! Кто же смо́трит хокке́й по телеви́зору? Коне́чно, пое́дем на стадио́н!
— А биле́ты?
— Ку́пим в ка́ссе стадио́на.
— 你打冰球吗?
— 不,我不打。不过不会错过每一场重要的比赛。
— 今天有冰球赛。
— 是的,我知道。

— 我也想看。我们是看电视还是到体育场去?
— 你说什么呢! 谁会在电视里看冰球? 当然去体育场。
— 那票呢?
— 在体育场售票处买。

## Диалог 5

— Что вчера́ бы́ло в Лужника́х?
— Футбо́л.
— А кто игра́л?
— «Спарта́к» и «Дина́мо».
— Ну и как? Како́й счёт?
— 2:1 в по́льзу кома́нды «Спарта́к».
— Поздравля́ю! Я зна́ю, что ты боле́ешь за «Спарта́к». Как прошла́ игра́?
— О́чень интере́сно! Встреча́лись ра́вные по си́лам сопе́рники.
— За́втра ве́чером по телеви́зору должна́ быть переда́ча э́того ма́тча, я обяза́тельно посмотрю́.

— 昨天卢日尼基有什么比赛?
— 足球赛。
— 谁跟谁比赛?
— 斯巴达克队和狄纳摩队。
— 结果怎么样? 比分是多少?
— 明天晚上电视一定转播这场球赛,我一定看。
— 表示祝贺! 我知道,你是斯巴达克队的球迷。比赛进行得怎么样?
— 很有意思,势均力敌的对手遇到一起了。
— 2:1 斯巴达克队领先。

### ♠ 俄罗斯人的休闲爱好

俄罗斯是一个有100多个民族的国家,所以俄罗斯人的爱好也很广泛,也可以说是很有特色,研究俄罗斯人的爱好对于了解其国家很有帮助,人为国之本,想要深入了解俄罗斯,就需要了解俄罗斯人的爱好。

俄罗斯人酷爱读书,街头时常可见手不释卷的路人,读书似乎成了俄罗斯人一种内化了的民族习惯。历史上,俄罗斯民族涌现了一大批在世界上都产生过重大影响的思想家、革命家、科学家、文学家、艺术家等。今天,热爱读书的传统也深刻影响着当今的俄罗斯人。

## 第一部分：典型情景交流

俄罗斯人热爱艺术，他们的艺术生活非常丰富。人们喜欢在剧院、画廊、博物馆等艺术场所度过闲暇时光，尤其喜欢去剧院。莫斯科剧院里表演的多为高雅艺术，通常大剧院只演芭蕾和歌剧，小剧院以话剧为主，但无论大剧院还是小剧院，几乎场场爆满。在绘画方面，涌现出大批人才，如尤里·别尔乌申、叶普盖尼、古德列瓦德·米哈伊尔等等，十分著名。全国各地有许多俱乐部、文化宫、文化馆、影剧院、博物馆、美术馆等文化设施，工作之余，许多人晚上到那里去参加各种活动。对艺术的热爱是俄罗斯人的一大特点。从小学开始，儿童就可以在少年宫接受各种艺术的熏陶；吉他是绝大多数青年人必备的乐器，人们常常自己配词作曲，自编自演。城市居民偏爱轻音乐、古典音乐和现代舞、芭蕾舞，而农村居民则喜欢民族音乐和本民族的舞蹈。电影是俄罗斯最大众化的艺术形式，城市里几乎每个小区都有自己的电影院，农村地区的电影院也很多。但由于各种原因，这些年来电影业受到很大冲击，影院上座率锐减。

♠ **Акти́вные выраже́ния** 常用词语

фина́л 决赛，终场；полуфина́л 半决赛；старт 起点；фи́ниш 终点

хозя́ева по́ля 主场；турни́р 循环比赛

сбо́рная страны́ 国家联队

Олимпи́йские и́гры 奥运会

спорти́вная площа́дка 运动场

мирово́й реко́рд 世界纪录

чемпио́н 冠军；заня́ть пе́рвое ме́сто 得第一名

спорти́вный боле́льщик 体育爱好者

тре́нер 教练

Каки́ми ви́дами спо́рта вы занима́етесь / увлека́етесь? 你从事（喜爱）什么运动项目？

Како́й ваш люби́мый вид спо́рта? 你喜欢什么运动项目？

Я игра́ю в баскетбо́л (волейбо́л / футбо́л / те́ннис / бадминто́н / гольф / пинг-по́нг). 我打篮球（排球/踢足球/网球/羽毛球/高尔夫球/乒乓球）。

Я занима́юсь йо́гой. 我做瑜珈。

Я люблю́ пла́вать (моё люби́мое заня́тие — пла́вание / моё хо́бби — пла́вание). 我喜欢游泳。

Кто игра́ет? 谁打比赛？

За кого́ вы боле́ете? 您支持哪个队？

Чем ко́нчилась игра́? 比赛的结果怎么样？

Кто вы́играл? 谁赢了？
Кто проигра́л? 谁输了？
Игра́ ко́нчилась со счётом 1∶0. 以1∶0结束比赛。
досу́г, на досу́ге 休闲,在闲暇时候
проводи́ть досу́г 度过闲暇时间
о́тдых, отдыха́ть 休息
кани́кулы 假期
Чем вы занима́етесь в свобо́дное вре́мя? 您在空闲时间里都做些什么？
Я занима́юсь спо́ртом. 我从事运动。
Како́й ваш люби́мый вид спо́рта? 您最喜欢的运动项目是什么？
смотре́ть соревнова́ния 看比赛
выступа́ть на соревнова́ниях 参加比赛
соревнова́ния по футбо́лу / по те́ннису 网球赛/足球赛
Чем вы интересу́етесь? 您对什么感兴趣？
Я интересу́юсь литерату́рой. 我对文学感兴趣。
Чем вы увлека́етесь? 您爱好什么？
Я увлека́юсь теа́тром. 我酷爱戏剧。
Како́е у вас (у тебя́) хо́бби? 您有什么爱好？
Моё хо́бби — кино́. 我的爱好是电影。
спортсме́н (спортсме́нка) 运动员（女运动员）
худо́жник 艺术家；арти́ст (арти́стка) 演员（女演员）
певе́ц (певи́ца) 歌唱家（女歌唱家）
изве́стный 著名的
произведе́ние 作品
иску́сство 艺术；жи́вопись 绘画；карти́на 图片
теа́тр 剧院；о́пера 歌剧；бале́т 芭蕾舞；класси́ческая му́зыка 古典音乐；совреме́нная му́зыка 现代音乐；консервато́рия 音乐学院
культу́ра 文化；исто́рия 历史
авто́граф 签名；получа́ть / получи́ть авто́граф 得到签名
гото́вить / пригото́вить 准备；Я люблю́ гото́вить. 我喜欢做饭。
Я могу́ хорошо́ гото́вить. 我做饭做得很好。
реце́пт блю́да 菜谱；национа́льная ку́хня 民族美食
игра́ть в ша́хматы / в хокке́й / в баскетбо́л 下棋,打冰球,打篮球
рисова́ть 画；Я хорошо́ рису́ю. 我画画的好。

第一部分：典型情景交流

петь 唱歌；Я хорошо́ пою́. 我歌唱的好。
пе́сня 歌

## Диалог 6

— Ви́ктор, что ты лю́бишь де́лать в свобо́дное вре́мя?
— В свобо́дное вре́мя я люблю́ слу́шать му́зыку.
— А каку́ю му́зыку ты лю́бишь?
— Бо́льше всего́ я люблю́ класси́ческую му́зыку.
— А кто твой люби́мый компози́тор?
— Мой люби́мый компози́тор Чайко́вский.
— А совреме́нная му́зыка тебе́ нра́вится?
— Хоро́шая совреме́нная му́зыка мне то́же нра́вится, но ме́ньше, чем класси́ческая. А ты, Ната́ша, чем ты увлека́ешься?
— Я люблю́ чита́ть поэ́зию и про́зу.
— А кто твой люби́мый поэ́т?
— Мой люби́мый поэ́т — Ле́рмонтов. Я зна́ю наизу́сть мно́го его́ стихо́в.
— А совреме́нную поэ́зию ты лю́бишь?
— Да, совреме́нная поэ́зия мне нра́вится. Есть о́чень интере́сные стихи́.

— 维克多，闲暇时光你喜欢做什么？
— 我喜欢听音乐。
— 你喜欢什么音乐呢？
— 我最喜欢古典音乐。
— 你喜欢的作曲家是谁？
— 我喜欢柴可夫斯基。
— 那你喜欢现代音乐吗？
— 好的现代音乐我也喜欢，但是不如古典音乐。娜塔莎，你对什么感兴趣？
— 我喜欢读诗歌和散文。
— 你喜欢的诗人是谁？
— 我喜欢莱蒙托夫。我能背出他的好多诗。
— 那你喜欢现代诗歌吗？
— 是的，我也喜欢现代诗歌。有很有趣的诗。

## Диалог 7

— Серге́й, где ты провёл выходны́е дни?

— В суббо́ту я встреча́лся с друзья́ми. Мы бы́ли в рестора́не. А в воскресе́нье я ходи́л на стадио́н.

— Ты увлека́ешься спо́ртом?

— Да, о́чень. Я люблю́ смотре́ть ра́зные соревнова́ния на стадио́не.

— А ты занима́ешься спо́ртом?

— Коне́чно. Я игра́ю в футбо́л и в те́ннис, ката́юсь на лы́жах и на конька́х. Два ра́за выступа́л на соревнова́ниях по те́ннису.

— 谢尔盖,你是在哪里度过休息日的呢?

— 周六我见过朋友们,我们在餐厅吃饭来着。周日我去了体育场。

— 你爱好运动吗?

— 是的,非常爱好。我喜欢在体育馆看各种体育赛事。

— 那你也从事体育活动吗?

— 当然了,我踢足球、打网球、滑雪、滑冰。有两次参加了网球比赛。

**Диалог 8**

— Лю́да, у вас како́е хо́бби?

— Моё хо́бби — теа́тр. Я о́чень люблю́ смотре́ть спекта́кли, о́перы, бале́ты. Мне нра́вится ру́сский бале́т. А ещё я собира́ю фотогра́фии арти́стов, театра́льные афи́ши и програ́ммки, всё-всё о теа́тре. У меня́ уже́ больша́я колле́кция.

— А в моско́вских теа́трах вы бы́ли?

— Коне́чно, была́.

— А в каки́х?

— В Большо́м, в Ма́лом, в теа́тре Сати́ры и в други́х. Я да́же была́ в Музе́е театра́льного иску́сства.

— А что вы смотре́ли в Большо́м теа́тре?

— О́перу «Евге́ний Оне́гин» и бале́т «Лебеди́ное о́зеро».

— Вам понра́вилось?

— О́чень! Прекра́сные арти́сты, краси́вая му́зыка!

— Вы сказа́ли, что собира́ете фотогра́фии моско́вских арти́стов?

— Да, собира́ю. А неда́вно я получи́ла авто́граф изве́стного арти́ста. Его́ хорошо́ зна́ют и у нас в Кита́е. Тепе́рь я коллекциони́рую не то́лько фо́то, но и авто́графы.

— 柳达,你有什么爱好?

— 我的爱好是戏剧,我非常喜欢去剧院。去看戏剧、歌剧和芭蕾舞剧。我喜欢俄罗斯的芭蕾舞剧,我还喜欢收集演员照片,剧院海报和节目单,总之一切和剧院相关的东西。我已经收集了好大一堆收藏品了。

— 那您去过莫斯科的剧院吗?

— 当然去过。

— 那您去过哪些剧院?

— 我去过大剧院、小剧院、小品剧院等等,我甚至还去过戏剧艺术博物馆。

— 在大剧院您看过什么?

— 我看过歌剧《叶甫盖尼·奥涅金》和芭蕾舞剧《天鹅湖》。

— 您喜欢吗?

— 非常喜欢。很棒的演员,非常美妙的音乐。

— 您说过您收集莫斯科演员的照片吗?

— 是的,不久前我得到了著名演员的签名。他在我们中国很有名。现在我不仅收集照片,也收集签名。

## Диалог 9

— А у тебя есть хо́бби?

— Мои́ увлече́ния всё вре́мя меня́ются: увлека́лся тури́змом, та́нцами, пел, игра́л на гита́ре и да́же рисова́л. Занима́лся те́ннисом, фигу́рным ката́нием. Всего́ не перечи́слишь.

— Зна́чит, и спо́ртом ты увлека́лся?

— Да, но бо́льше всего́ — тури́змом. Я обошёл, объе́здил, облете́л всю страну́. И счита́ю, что лу́чше оди́н раз уви́деть, чем сто раз услы́шать.

— А я ра́ньше сам занима́лся спо́ртом, а сейча́с то́лько боле́льщик.

— Ну, не скро́мничай, я же зна́ю, что ты спорти́вный знато́к. О спо́рте ты, наве́рное, зна́ешь всё, осо́бенно о футбо́ле.

— Ты преувели́чиваешь. То́чно та́кже я могу́ сказа́ть, что ты все зна́ешь о маши́нах.

— Не всё, но ко́е-что зна́ю. Мне нра́вится вози́ться с маши́нами, ремонти́ровать их, а са́мое гла́вное — гоня́ть на них.

— Ты автолюби́тель?

— В не́котором ро́де — да.

— 你爱好什么呢?

— 我的爱好总是在变。爱好旅游、跳舞、唱歌、弹吉他甚至绘画。还喜欢打网球、花样滑冰。根本就列举不完。
　　— 也就是说你也爱好运动？
　　— 是的。尤其是旅游，我走遍了全国各地。我觉得百闻不如一见。
　　— 我以前还运动，而现在只是个球迷。
　　— 好了，别谦虚了，我知道你是体育行家。你肯定了解所有的运动项目，尤其是足球。
　　— 你太夸张了。要这么说，我也可以说关于汽车你是什么都懂呢。
　　— 不是什么都懂，但多少了解一些。我喜欢摆弄汽车，修理汽车，最主要的是驾驶汽车。
　　— 你是汽车迷喽？
　　— 某种程度上是吧。

## 四、谈职业和工作 О профéссии и рабóте

### ♠俄罗斯人心目中的职业排名

　　据全俄社会评估研究中心前不久做的一项社会调查显示，俄罗斯人心中最尊重的职业是医生和教师，分别占37%和34%，拔得头筹。第三名是工人，占12%。律师、科学研究者、工程师、建筑工人占5—7%。司机、石油工人、飞行员、宇航员、生意人等占2—4%。其他职业不足1%。

### ♦Актúвные выражéния 常用词语

Кто вы? 您是做什么的? Кто он / онá? 他/她是做什么的?
Вáша фамúлия Ван? 您姓王吗? Нет, моя́ фамúлия Ли. 不，我姓李。
шофёр 司机；гид 导游；юрúст 法学家，法律工作者，律师；журналúст 新闻记者，编辑，评论员；посóл 大使；посóльство 大使馆；бизнесмéн 商人
институ́т 学院；больнúца 医院；шкóла 中小学；пóчта 邮局
Где вы у́читесь? 您在哪里学习? Я учу́сь в институ́те. 我在学院学习。
Вы студéнт? 您是大学生吗? Да, я студéнт. 是的，我是大学生。
Нет, я не студéнт, я врач. 不，我不是大学生，我是医生。
Где вы рабóтаете? 您在哪里工作?
Я рабóтаю в университéте. 我在大学里工作。

## 第一部分：典型情景交流

### Диалог 1

— Здрáвствуйте!
— Дóбрый день!
— Давáйте познакóмимся. Меня́ зовýт Ван Мин.
— Óчень прия́тно, а меня́ — Натáша.
— Натáша, кто вы по профéссии?
— Я врач. А вы?
— Я инженéр.

— 您好！
— 您好！
— 我们认识一下吧。我叫王明。
— 很高兴认识您，我叫娜塔莎。
— 娜塔莎，您做什么工作？
— 我是医生。您呢？
— 我是工程师。

### Диалог 2

— Познакóмьтесь, э́то Мáша. Онá врач. Онá рабóтает в больни́це.
— Óчень прия́тно. А меня́ зовýт И́ра. Я инженéр. Я рабóтаю на завóде.

— 介绍一下，这是玛莎。她是医生。她在医院工作。
— 很高兴认识您。我叫伊拉。我是工程师。我在工厂工作。

### Диалог 3

— Ли Хуа, вы перевóдчик?
— Нет, я не перевóдчик, я преподавáтель.
— А где вы рабóтаете?
— Я рабóтаю в университéте.

— 李华，您是翻译吗？
— 不是，我不是翻译，我是老师。
— 您在哪里工作？
— 我在大学工作。

## 最简俄语日常会话

### 📞 Диалог 4

— Добрый день!
— Добрый день!
— Познакомьтесь, пожалуйста, это наш переводчик. Её зовут Оля.
— Очень приятно. А меня зовут Чжан Ли.
— Чжан Ли, а кто вы по профессии?
— Я экономист.
— Вы работаете в банке?
— Нет, я работаю на заводе.

— 您好!
— 您好!
— 介绍一下,这是我们的翻译。她叫奥利亚。
— 很高兴认识您。我叫张力。
— 张力,您是做什么的?
— 我是经济学家。
— 您在银行工作吗?
— 不,我在工厂工作。

### 📞 Диалог 5

— Игорь, это твой друзья?
— Да, это мой друзья.
— Они работают или учатся?
— Саша работает. Он инженер. Лена тоже работает. Она секретарь в фирме. А Миша и Таня студенты. Они учатся в университете.

— 伊戈尔,这是你的朋友吗?
— 是我的朋友。
— 他们工作了还是上学呢?
— 萨沙工作了。他是工程师。列娜也工作了。她是公司秘书。而米沙和塔尼亚是学生。她们在大学里学习。

# 五、谈自己、谈健康(自我感觉)
# О себе, о здоровье (самочувствии)

### Диалог 1

— Антóн, скóлько тебé лет?
— Мне 20 лет. А тебé?
— Мне 22 гóда.
— У тебя́ есть брат?
— Есть.
— А сестра́?
— Тóже есть. А у тебя́?
— У меня́ нет брáта, но есть сестрá.
— 安东,你多大了?
— 我20,你呢?
— 我22。
— 你有兄弟吗?
— 有。
— 有姐妹吗?
— 也有。你呢?
— 我没有兄弟,有姐妹。

### Диалог 2

— Вúктор, ты женáт?
— Нет, я не женáт. Я хóлост.
— А скóлько тебé лет?
— Мне 21 год. А тебé?
— Мне 18 лет.
— А ты женáт?
— Нет, я тóже не женáт.
— 维克多,你结婚了吗?
— 没结。我单身。
— 那你多大了?
— 我21。你呢?

— Я 18.
— 那你结婚了吗?
— 没有, 我也没有结婚。

## Диалог 3

— Оля, у вас большая семья?
— Да, у меня большая семья. У меня есть бабушка, дедушка, родители, брат, сестра, муж, дочь.
— У тебя есть дочь?
— Да.
— Сколько ей лет?
— Ей 10 лет. Она учится в школе.
— А сколько лет бабушке и дедушке?
— Бабушке 75 лет, дедушке 78 лет.

— 奥利亚, 你有一个大家庭吗?
— 是的。我有奶奶、爷爷、父母、兄弟、姐妹、丈夫和女儿。
— 你有个女儿?
— 是的。
— 她多大了?
— 10岁了。她上中学了。
— 奶奶和爷爷多大年龄了?
— 奶奶75, 爷爷78。

## Диалог 4

— Лена, это твоя подруга?
— Да, это моя подруга.
— Как её зовут?
— Её зовут Ира.
— А сколько ей лет?
— Ей 18 лет.
— Она работает или учится?
— Она учится в университете.
— Она замужем?
— Нет, она не замужем.

— У неё есть роди́тели, брат и́ли сестра́?
— Коне́чно, у неё есть роди́тели! У неё есть ста́рший брат, а вот сестры́ у неё нет. Брат жена́т. У него́ есть ма́ленький сын. Сы́ну 3 го́да. Получа́ется, что Ира — уже́ тётя, а сын бра́та — её племя́нник.

— 列娜，这是你的女朋友吗？
— 是的。
— 她叫什么名字？
— 伊拉。
— 她多大了？
— 18 了。
— 她工作了还是上学呢？
— 她还在大学里学习。
— 她出嫁了吗？
— 还没有。
— 她有父母、兄弟或姐妹吗？
— 当然，她有父母，有个哥哥，没有姐妹。哥哥结婚了，有个儿子，3 岁了。由此可知，伊拉已经当姑姑了，她哥哥的儿子就是她的侄子。

## Диалог 5

— Познако́мьтесь, пожа́луйста, э́то мой друг Майкл.
— О́чень прия́тно. А меня́ зову́т Са́ша. Майкл, вы говори́те по-ру́сски?
— Да, я немно́го говорю́ и понима́ю по-ру́сски. Са́ша, а кто вы по профе́ссии?
— Я врач и рабо́таю в больни́це. А вы?
— Я экономи́ст, рабо́таю в ба́нке.
— Майкл, а ско́лько вам лет?
— Мне 35 лет. А вам?
— Мне 37 лет.
— Са́ша, а у вас есть семья́?
— Да, у меня́ есть жена́, сын и дочь. Сы́ну 12 лет, а до́чери 5 лет.
— А кто ва́ша жена́?
— Она́ преподава́тель, рабо́тает в институ́те. А вы жена́ты?
— Да, я то́же жена́т. У меня́ есть сын. Ему́ 5 лет.
— 介绍一下，这是我的朋友迈克。

— 很高兴认识您。我叫萨沙。迈克,您讲俄语吗?
— 是的,我会说一点俄语。萨沙,您是做什么的?
— 我是医生。在医院工作。您呢?
— 我是经济学家,在银行工作。
— 迈克,您多大了?
— 35 了,您呢?
— 我 37。
— 萨沙,您成家了吗?
— 是的,我有妻子、儿子和女儿。儿子 12 了,女儿 5 岁。
— 您妻子是做什么的?
— 她是大学教师,在一所学院工作。您结婚了吗?
— 是的,我也结婚了。我有个儿子,5 岁了。

♠Акти́вные выраже́ния 常用词语

Вы за́мужем? 您出嫁了吗? Она́ за́мужем? 她出嫁了吗?
Я (она́) за́мужем. 我(她)出嫁了。
Я (она́) не за́мужем. 我(她)没有出嫁。
У вас есть семья́? 您成家了吗? Да, у меня́ есть семья́. 是的,我成家了。
Нет, у меня́ нет семьи́. 没有,我没成家。
оте́ц (па́па) 父亲(爸爸);мать (ма́ма) 母亲(妈妈);де́ти 孩子

 Диало́г 6

— Здра́вствуй, Са́ша!
— Здра́вствуй, Ван Мин!
— Как твои́ дела́?
— Спаси́бо, хорошо́. А твои́?
— Не о́чень хорошо́.
— А что случи́лось? Почему́ ты не́сколько дней не́ был в университе́те?
— Я боле́л. У меня́ был грипп. Я роди́лся и вы́рос на ю́ге. У нас да́же зимо́й не быва́ет о́чень хо́лодно. А в Москве́ холо́дная пого́да. К тому́ же, у меня́ не́ было тёплых веще́й.
— Тебе́ ну́жно пойти́ к врачу́!
— Да, я туда́ ходи́л! Мне сде́лали уко́лы и вы́писали лека́рства! Тепе́рь мне уже́ лу́чше.

— Поправля́йся быстре́е!
— Спаси́бо!
— 你好,萨沙!
— 你好,王明!
— 最近怎么样?
— 谢谢,挺好。你呢?
— 不是太好。
— 怎么了? 你这几天怎么没来上课?
— 我生病了。我得流感了。我生长在南方,在我们那里连冬天都不冷。而在莫斯科天气太冷了,我没有暖和的衣服。
— 你应该去看医生。
— 是的,我去了。打了针,开了药,现在好多了。
— 希望你早日康复!
— 谢谢!

## Диалог 7

— Ван Мин, как ты себя́ чу́вствуешь?
— Спаси́бо, мне уже́ лу́чше. Я почти́ здоро́в.
— Кака́я у тебя́ температу́ра?
— Норма́льная, то́лько ещё немно́го ка́шляю.
— А тебе́ мо́жно гуля́ть?
— Да, уже́ мо́жно. Сейча́с о́чень тёплая пого́да, и я гуля́ю ка́ждый день.
— 王明,你感觉如何?
— 谢谢,我已经好多了。几乎康复了。
— 体温怎么样?
— 正常,只是还有点咳嗽。
— 能散步了吗?
— 可以了。现在天气很暖和,我每天都散步。

## Диалог 8

— Здра́вствуйте, до́ктор!
— Здра́вствуйте! На что вы жа́луетесь?
— Я не зна́ю, что случи́лось. Наве́рное, я съе́ла что-то несве́жее. Мне пло́хо, о́чень боли́т живо́т.

— А что вы вчера́ е́ли?
— Я е́ла сыр, колбасу́, мя́со, ры́бу, шокола́д, конфе́ты. Пила́ молоко́, ко́фе, чай.
— А где вы е́ли ры́бу?
— До́ма. Я купи́ла её в магази́не «Кулина́рия».
— Так... Дава́йте вас посмо́трим... Бу́дете принима́ть э́ти табле́тки 3 ра́за в день пе́ред едо́й. Пока́ не пе́йте молоко́ и ко́фе, лу́чше пе́йте горя́чий чай. И, коне́чно, пока́ не е́шьте ры́бу, колбасу́ и мя́со.

— 您好，医生！
— 您好！哪里不舒服？
— 我不知道怎么回事。也许我吃了什么不新鲜的东西。感觉不舒服,肚子很疼。
— 昨天您吃的什么？
— 我吃了奶酪、香肠、肉、鱼、糖果。喝了牛奶、咖啡和茶。
— 在哪儿吃的鱼？
— 家里。我在熟食店买的。
— 这样，先检查一下。请服用这些药片一日三次，饭前服用。暂时不要喝牛奶和咖啡了，最好喝点热茶。当然,暂时也不要吃鱼、香肠和肉了。

♠ **Акти́вные выраже́ния** 常用词语

Я чу́вствую себя́ хорошо́. 我很好。Ничего́. 没什么。

У меня́ боли́т го́рло / живо́т / зуб. 我嗓子疼/ 肚子疼/牙疼。

У меня́ анги́на. 我得咽炎了。У меня́ на́сморк. 我感冒了。

У меня́ ка́шель. 我咳嗽。Мне бо́льно. 我很疼。

Мне пло́хо. 我感觉很不好。Мне лу́чше. 我感觉好些了。Мне ху́же. 我感觉更糟了。Я здоро́в. 我很健康。

простуди́ться 感冒；Я простуди́лся. 我感冒了。

наве́рное 大概, 也许；мо́жет быть 可能；К сожале́нию. 很遗憾。

Кака́я у вас (у тебя́) температу́ра? 您(你)体温怎么样？

У меня́ высо́кая (норма́льная) температу́ра. 我发烧了(体温正常)。

лека́рство 药,药品,药物,药剂；табле́тка 药片,片剂；витами́ны 维生素,维他命；принима́ть / приня́ть лека́рства, табле́тки 吃药

пить / вы́пить 喝(水)；есть / съесть 吃(东西)；спать 睡(觉)

апте́ка 药店；поликли́ника 诊所,门诊部；больни́ца 医院

идти / пойти к врачу 去看医生
Скорее выздоравливайте! 祝您早日康复!
Поправляйтесь быстрее! 祝您早日康复!
Будьте здоровы! 祝您健康!
каждый день 每天; перед едой 饭前; после еды 饭后

## ☎ Диалог 9

— Антон, что ты собираешься делать вечером?
— Я буду слушать музыку. Я купил новые диски. Потом буду смотреть телевизор, ужинать, после ужина гулять с друзьями.
— А что будет делать твоя мама?
— Она будет стирать, потом готовить ужин, потом мыть посуду, потом что-то ещё делать.
— А ты ей не поможешь?
— Я очень хочу ей помочь! Но мне некогда!

— 安东,晚上你打算做什么?
— 我要听音乐。我买了新光盘。然后看电视,吃晚饭,晚饭后和朋友们散步。
— 那你妈妈做什么?
— 她洗衣服,做晚饭,洗餐具,然后再做点什么。
— 那你不帮她吗?
— 我很想帮她! 但是我没有时间!

## ☎ Диалог 10

— Света, что ты обычно делаешь утром?
— Обычно я встаю в 7 часов, делаю зарядку, принимаю холодный душ, чищу зубы, причёсываюсь, одеваюсь, завтракаю и иду в институт. Прихожу в институт обычно в 9 часов.
— А во сколько ты встала сегодня?
— Тоже в 7 часов.
— Значит, ты жаворонок!
— Да, я жаворонок. А ты?
— Я сова. Я не люблю рано вставать. Я поздно ложусь спать. Мне трудно что-то делать утром, а вечером я могу делать всё.
— А что ты ела и пила на завтрак?

— Я е́ла бутербро́д с сы́ром и пила́ ко́фе с молоко́м.
— А что ты обы́чно де́лаешь днём?
— Днём я обы́чно учу́сь в университе́те до 2 часо́в, пото́м обе́даю, по́сле обе́да немно́го гуля́ю и отдыха́ю, а пото́м иду́ в библиоте́ку.
— А когда́ ты приезжа́ешь домо́й?
— Обы́чно я приезжа́ю домо́й часо́в в 5 - 6.
— А ты е́дешь домо́й на метро́ и́ли идёшь пешко́м?
— Обы́чно в университе́т и обра́тно я е́зжу на метро́.

— 斯维塔, 早上你通常做什么?
— 我通常是7点起床, 做早操, 洗一下冷水浴, 刷牙, 梳头, 穿衣服, 吃早饭然后去学校。到学校通常是9点钟。
— 那你今天是几点起床的?
— 也是7点。
— 你真是一只百灵鸟啊!
— 是的, 我是百灵鸟。你呢?
— 我是夜猫子。我不喜欢早起。我睡得也晚。早上我很难做事情, 而晚上我可以做所有的事情。
— 今天早饭你吃的什么, 喝的什么?
— 我吃的夹奶酪面包, 喝的是加奶的咖啡。
— 那你白天通常做什么?
— 白天我通常在学校学习到下午2点, 然后吃午饭, 午饭后散会儿步, 休息一下, 然后就去图书馆。
— 那您几点回家?
— 通常我5~6点钟到家。
— 您是乘地铁回家还是步行回家?
— 我去学校和回家通常都是乘地铁。

注释

жа́воронок 百灵鸟, 这里指能起早的人; сова́ 猫头鹰, 这里指能贪黑晚睡的人。

### Диало́г 11

— Лю́да, где ты бы́ла в суббо́ту? Я звони́л мно́го раз, но твой телефо́н не отвеча́л!

— В суббо́ту я мно́го гуля́ла, была́ на Кра́сной пло́щади, на Но́вом Арба́те, а ве́чером ходи́ла в цирк. А телефо́н забы́ла до́ма!

— Жаль! А с кем ты была́? И в како́й цирк ты ходи́ла? На Цветно́м бульва́ре и́ли на Воробьёвых гора́х?

— С подру́гой. На Воробьёвых гора́х. Это но́вый цирк.

— Тебе́ понра́вилось?

— О́чень! Я хочу́ пойти́ ещё раз.

— 柳达,周六你去哪里了？我给你打了很多次电话,但是你都没接。

— 周六我去逛了逛,先去了红场、新阿尔巴特大街,晚上又去了马戏院,手机忘在家里了。

— 太遗憾了！你和谁去的？去哪个马戏团了？是去彩色街心花园的那个还是去麻雀山的那个？

— 和我朋友去的,麻雀山的那个。这是个新马戏院。

— 你喜欢吗？

— 非常喜欢。我想再去一次。

♠ **Акти́вные выраже́ния** 常用词语

Когда́ (во ско́лько) вы обы́чно встаёте? 您通常几点起床？

Когда́ (во ско́лько) вы вста́ли сего́дня? 您今天几点起床的？

Я встаю́ (встал) в 8 часо́в. 我8点起床的。

Что вы де́лали вчера́? 昨天您做什么了？

Что вы де́лаете сего́дня? 今天您做什么？

Что вы бу́дете де́лать за́втра? 您明天要做什么？

тёплый душ 温水澡

идти́ (ходи́ть) на рабо́ту 走着去上班

идти́ (пойти́) в университе́т 走着去学校

е́хать (е́здить) на рабо́ту 乘车去上班

е́хать (пое́хать) в университе́т 乘车去学校

прийти́ (приходи́ть) на рабо́ту 走着来上班

прие́хать (приезжа́ть) в университе́т 乘车来上学

понеде́льник 星期一；вто́рник 星期二；среда́ 星期三；четве́рг 星期四；пя́тница 星期五；суббо́та 星期六；воскресе́нье 星期日；выходны́е дни 休息日

в понеде́льник 在周一；во вто́рник 在周二；в сре́ду 在周三；в четве́рг 在周四；в пя́тницу 在周五；в суббо́ту 在周六；в воскресе́нье 在周日；

Сегодня я собираюсь пойти в театр. 今天我打算去剧院。
С кем ты собираешься пойти в театр? 你打算和谁一起去剧院?
с друзьями 和朋友们; с подругой 和女朋友;
танцевать 跳舞; смотреть фильм, спектакль... 看电影,剧
приглашать / пригласить в гости 邀请……作客
Я приглашаю тебя (вас) в гости. 我邀请你(您)来作客。
Когда (во сколько) вы обычно ложитесь спать? 您通常几点躺下睡觉?
Когда (во сколько) вы вчера легли спать? 您昨天是几点躺下睡觉的?
Я ложусь (лёг) спать в 11 часов. 我是 11 点睡觉的。
поздно 晚; как обычно 通常

## 六、求职面试 Собеседование при приёме на работу

### ☎ Диалог 1

— Почему Вы ушли с предыдущего места работы?
— На старом месте меня всё устраивало, но не было тех перспектив, которые предлагает Ваша компания. Я хочу работать у Вас, потому что здесь есть возможность расширения уровня ответственности и перспектива роста.
— 您为什么离开以前的单位?
— 因为在原来的单位我一切都适应了,但是没有贵公司所提供的发展前景。我之所以想到贵公司工作,是因为这里有提升空间和发展前景。

### ☎ Диалог 2

— Почему хотите работать у нас?
— Потому что ваша компания известна своей исключительной репутацией и высоким уровнем профессионализма.
— 为什么想在我们这里工作?
— 因为贵公司有良好的声誉和很高的职业化水平。

### ☎ Диалог 3

— Что Вам нравилось (не нравилось) на последнем месте работы?
— Мне нравилось всё.
— 在您上一份工作中,有什么您喜欢(不喜欢)的东西吗?
— 那里的一切我都喜欢。

# 第一部分：典型情景交流

## 📞 Диалог4

— Какие уроки Вы вынесли с последнего места работы?
— Главный урок — то, что важно для компании, важно и для меня.
— 您在上一份工作中学到了什么？
— 最重要的启发是，公司的利益就是我的利益。（对于公司来说重要的东西，也就是对于我来说重要的东西。）

## 📞 Диалог5（从此开始，序号错一位）

— Как быстро Вы сможете войти в курс дела?
— Замечательный вопрос! Я тоже волнуюсь по этому поводу. Не могли бы Вы сказать, что будет входить в круг моих обязанностей?
— 您需要多久进入工作状态？
— 您问得恰到好处！我也正在为此担心，不如您先给我讲讲，我的职责有哪些吧？

## 📞 Диалог6

— Что Вы планируете делать через 5 лет?
— Сейчас я хотела бы стать членом Вашей команды и уверена, что развитие Вашей компании откроет возможности и для меня.
— 您对五年之后有什么计划吗？
— 现在我正努力成为贵公司的一员，我相信，贵公司的发展必然会为我带来发展的机遇。

## 📞 Диалог7

— Что Вы считаете своим самым большим достижением?
— Я уверена, что мои самые большие достижения ещё впереди.
— 您认为，您做出的最大的成绩是什么？
— 我认为，我最大的成绩还在今后。

## 📞 Диалог8

— Почему мы должны взять именно Вас?
— Я обладаю необходимым опытом и квалификацией, я инициативна и умею работать в напряжённых условиях.

— Вы认为，为什么我们要录用的一定会是你呢？
— 因为我具有必需的经验和技能，具有创新精神，而且能胜任高强度的工作。

### ☎ Диалог 9

— Что нýжно дéлать в слýчае возникновéния проблéмы?
— Нýжно снача́ла вы́яснить причи́ны э́той проблéмы, зате́м разрабо́тать возмо́жности её реше́ния, взве́сить все «за» и «про́тив» в по́льзу того́ или ино́го ме́тода реше́ния, пото́м обрати́ться к руководи́телю с то́чным изложе́нием всех вышеперечи́сленных обстоя́тельств и то́лько по́сле э́того приня́ть оконча́тельное реше́ние.
— 如果工作中出现问题，您会怎么做？
— 首先，查明问题原因，然后研究解决问题的可能性，同时权衡每一种解决方案的所有利弊，将上述情况的解决方案详实向领导作出汇报，再做最后决定。

### ☎ Диалог 10

— Есть ли у Вас вопро́сы?
— Почему́ возни́кла э́та вака́нсия, кто выполня́л э́ту рабо́ту ра́ньше и почему́ её поки́нул? Кто бу́дет мои́м непосре́дственным руководи́телем, и могу́ ли я с ним встре́титься? Что бу́дет входи́ть в круг мои́х обя́занностей?
— 您有什么想了解的问题吗？
— 该职位空缺的原因，之前负责该工作的人的情况，以及他为什么离职？谁将是我的直接领导，我现在能否跟他会面？我的岗位职责有哪些？

### ☎ Диалог 11

— Хоте́ли бы Вы заня́ть ме́сто своего́ руководи́теля?
— Да, е́сли он полу́чит повыше́ние и порекоменду́ет меня́ на его́ ме́сто.
— 您有没有想过担任自己现任领导的职位呢？
— 有过，如果他得到升迁，并推荐我担任。

### ☎ Диалог 12

— Что Вы ду́маете о своём руководи́теле?
— Я могу́ дать коро́ткий отве́т то́лько из положи́тельных о́ткликов.
— 您怎么评价你的领导？
— 我可以给一个简单的回答，就是"很好"。

## Диалог 13

— Вы предпочитáете рабóтать в коллектúве или в одинóчку?
— Я могý рабóтать самостоя́тельно, но éсли дéло трéбует коллектúвного учáстия, то совмéстная рабóта мне, безуслóвно, интерéсна.
— 您更喜欢团队工作还是单独工作?
— 我能胜任独立工作, 但如果某件工作需要团队, 那么我会非常高兴能够团队协作。

## Диалог 14

— Почемý Вы так мáло зарабáтывали?
— Хотя́ материáльная сторонá и важнá для меня́, но рабóтаю я не тóлько рáди дéнег. Я набирáла óпыт и надéялась найтú возмóжность для профессионáльного и материáльного рóста. А скóлько, по-Вáшему, я должнá бы зарабáтывать?
— 为什么你过去赚钱很少?
— 对我来讲,尽管物质方面也很重要,但是我不是单纯为了钱而工作,我积累了经验,希望能有机会在专业方面得到提升,在物质方面也能有所改善。那么,依您看,我应该挣多少呢?

## Диалог 15

— Я не совсéм увéрен, что Вы подхóдите для э́той рабóты.
— Я прекрáсно понимáю, что имéю недостáточный óпыт, тем не мéнее, моя́ бáзовая подготóвка и óпыт рабóты в э́той сфéре, схóдные нáвыки позволя́ют мне быть увéренной, что éсли я встрéчу проблéмы, то легкó спрáвлюсь с нúми. Рáзве вы со мнóй не соглáсны? Я пóлностью отвéтила на Ваш вопрóс. Не так ли?
— 我不是很确定,你能胜任这份工作。
— 我非常清楚,我不是很有经验,但是,我的基础准备和在本领域的工作经历,以及相关的工作技能让我有信心能够胜任工作中遇到的问题。难道您觉得我说的不对吗?我是不是已经完整的回答了您的问题呢?

## V. 校园生活 Студéнческая жизнь

♠ **Актúвные выражéния** 常用词语

университéт 综合性大学；научно-техни́ческий университéт 科技大学；политехни́ческий инститýт 工学院；естéственно-наýчный и техни́ческий университéт 理工大学；педагоги́ческий университéт 师范大学；фина́нсово-экономи́ческий университéт 财经大学；медици́нский университéт 医科大学；

рéктор университéта 大学校长；учéбная часть 教务处；отдéл студéнтов 学生处；

управлéние междунарóдных свя́зей 国际交流中心

декáн 系主任；деканáт 系办；кáфедра 教研室；факультéт 系

обяза́тельный курс 必修课；факультати́вный курс 选修课；основны́е дисципли́ны 基础课；óбщие дисципли́ны 公共课；лéкция 讲座课；семинáр 讨论课

экзáмен 考试；экзáмен по обяза́тельным дисципли́нам 必修科目考试；зачёт по факультати́ву 选修课考查

экзаменáтор 主考人；зачёт 考查；контрóльная рабóта 测验；пи́сьменный экзáмен 笔试；ýстный экзáмен 口试；сéссия 考期；автомáт（автомати́чески）（口）免考

успевáемость 学习成绩；балл 分数；ми́нимум 最低分数；пятёрка 五分，优秀；четвёрка 四分，良好；удовлетвори́тельно 中等；трóйка 三分，及格；неудовлетвори́тельно, двóйка 不及格，二分；хвост（口）欠考的科目；пересдáча 重考

отли́чник 优等生；неуспевáющий 差生；стипéндия 奖学金

шпаргáлка.〈口语〉（学生应考时偷带的）小条，小抄，夹带

## 一、学习 Учёба

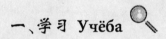 Диалог 1

— Волóдя, здрáвствуй!
— Здрáвствуй, Йра!
— Волóдя! У нас ужé начали́сь лéкции по экономи́ке?
— Да. Ужé бы́ло 3 лéкции. А почемý ты не былá в университéте?

— Я боле́ла. О́чень си́льно боле́ло го́рло. Была́ высо́кая температу́ра.

— Ты зна́ешь, что ле́кции нам чита́ет профе́ссор из Аме́рики?

— Нет, не зна́ю. А ты хорошо́ понима́ешь по-англи́йски?

— Да. Я внима́тельно слу́шаю ле́ктора и успева́ю запи́сывать основно́е содержа́ние ле́кции. Сейча́с я тебе́ покажу́ мои́ за́писи. Ты мо́жешь переписа́ть их себе́, е́сли захо́чешь.

— Спаси́бо тебе́ большо́е. Я обяза́тельно так и сде́лаю. Ина́че мне тру́дно бу́дет поня́ть сле́дующую ле́кцию.

— 瓦罗佳, 你好!
— 伊拉, 你好!
— 瓦罗佳, 我们已经开始经济学的课程了吗?
— 是的, 已经上了3次课了。你怎么不在学校呢?
— 我生病了。嗓子特别得疼, 还发高烧。
— 你知道, 给我们讲课的是一个美国来的教授吗?
— 不知道, 你很懂英语吗?
— 是的, 我很认真地听教授的讲课, 记录了每次课程的主要内容。现在我给你看我的笔记。如果你愿意, 你可以抄给自己。
— 太感谢了。我一定会这样做, 否则后面的课程我会很难听懂了。

## 📞 Диало́г 2

— Нет, я не могу́ запо́мнить все э́ти но́вые слова́. Не могу́, не могу́ бо́льше!

Англи́йский язы́к меня́ так му́чит.

— Успоко́йся. Возьми́ себя́ в ру́ки. Я дам тебе́ сове́т.

— Како́й сове́т ты мне мо́жешь дать? Я чита́ю, чита́ю, повторя́ю, повторя́ю, а запо́мнить ничего́ не могу́.

— Мо́жет быть, э́то глу́пый сове́т, но я обы́чно де́лаю так: я выпи́сываю на лист но́вые слова́ по те́ме. Ну, наприме́р, те́ма «Оде́жда», те́ма «Спорт» и так да́лее.

— Ну, а да́льше что?

— Пове́сь э́ти листо́чки с но́выми слова́ми в своём до́ме, где ты ча́ще всего́ быва́ешь. Не зна́ю, ну, на ку́хне, в ва́нной, над крова́тью.

— Ну, пове́шу, и что да́льше?

— Как прохо́дишь ми́мо них, как ви́дишь их, повторя́й и повторя́й. Глаза́ наши всё-таки хорошо запоминают. И по темам слова запоминать легче.

— Спасибо за совет! Я попробую, вдруг это поможет!

— 哦不，我实在记不住这些新单词。我受不了了，英语真是太折磨我了。

— 别着急，稳住自己！让我来给你点建议吧。

— 你能给我什么样的建议呢？我读啊，读啊，复习，再复习，但是什么都没记住。

— 或许，这是个不太高明的建议。但是我平时就是这么做的：我把新单词按照主题抄写在纸上，比如说，"服装"，"运动"主题，以及其他。

— 那接下来呢？

— 然后把这些写有生词的小纸条贴在家里你经常去的地方，比如说，厨房，浴室，或者是床的上方。

— 贴上了，再然后呢？

— 然后等你每次经过它们，看到这些单词的时候，就复习，再复习。我们的眼睛还是能很好地记忆东西的。同时，按照主题记忆单词会容易些。

— 谢谢你的建议。我会去试一试，万一这方法能有帮助呢。

## 二、在图书馆 В библиотеке

♠ Активные выражения 常用词语

государственная библиотека 国家图书馆

обмен книгами 图书交换

время работы 开放时间

абонемент 借书证；абонент(-ка) 借阅者；читательский билет 阅览证

на руках 借出；на́ руки не выдаётся 不外借

предварительный заказ 预约；срок пользования 借期；срок возврата 还期

вернуть в срок 按期归还；напоминание 催书通知

оформить продление срока 办理续借手续；просрочка 过期

 Диалог 1

**Студент**

**Библиотекарь**

— Здравствуйте!

— Здравствуйте!

— Я бы хотел записаться в библиотеку.

— Да, пожа́луйста. У вас есть студе́нческий биле́т?
— Да, вот он.
— Запо́лните, пожа́луйста, бланк. Подпиши́тесь внизу́ и поста́вьте сего́дняшнее число́. Подожди́те немно́го. Вот ваш биле́т. Не потеря́йте его́.
— Спаси́бо. Я могу́ сего́дня взять кни́ги?
— Да, коне́чно. Что вам ну́жно?
— Мне ну́жен уче́бник по матема́тике и англи́йскому языку́.
— Подожди́те, пожа́луйста. Я сейча́с вам принесу́.
— Хорошо́, спаси́бо.
— Пожа́луйста.
— 您好!
— 您好!
— 我想在图书馆注册。
— 可以,您有学生证吗?
— 有的,给您。
— 请把这个表填一下,然后在下面签名并写上今天的日期。稍等一下。好了,这是您的图书证,注意不要丢失。
— 谢谢,我现在可以借书吗?
— 可以,您需要什么书呢?
— 我需要数学和英语方面的教材。
— 好的,稍等,我现在帮您取。
— 好的,谢谢。
— 不客气。

## 📞 Диало́г 2

— Здра́вствуйте, мо́жно спроси́ть, как взять кни́ги в на́шей библиоте́ке?
— На ка́ждом этаже́ библиоте́ки есть специа́льный компью́терный катало́г для чита́теля. С его́ по́мощью вы смо́жете найти́ кни́ги и заказа́ть их, пото́м ну́жно обрати́ться к библиоте́карю в соотве́тствующий зал, там вы и полу́чите кни́ги.
— Поня́тно. А ско́лько я могу́ взять и на како́й срок?
— Для студе́нтов не бо́льше пяти́ книг и журна́лов, а для преподава́телей — не бо́льше десяти́. Срок по́льзования-2 ме́сяца.
— Я́сно. Благодарю́ вас за объясне́ние.

— Ничего́, э́то моя́ рабо́та.
— 您好,请问在我们图书馆怎么样借书?
— 在图书馆每一层都有专门为读者使用的电脑图书目录。您可以在上面查找并预定,然后去相应的阅览室找工作人员拿书。
— 明白了,我可以一次借多少本,可以借多长时间呢?
— 学生的话,一次性最多5本书和杂志。老师最多可以借10本。可以借2个月。
— 好的,谢谢您的解释。
— 没什么,这是我的工作。

## 三、在宿舍 В общежи́тии

♠ Акти́вные выраже́ния 常用词语

интерне́т 网络
двухко́мнатный 两个房间的
ку́хня 厨房;сану́зел 卫生间;душева́я каби́нка 洗浴间;балко́н 阳台
общежи́тие со все́ми удо́бствами 设施齐全的宿舍
студе́нческое общежи́тие бло́чного ти́па 套间宿舍
холоди́льник 冰箱;кондиционе́р 空调;ме́бель 家具;электроплита́ 电磁炉
шкаф 柜子;ту́мбочка 床头柜;пи́сьменный стол 书桌;ра́ковина 洗手池
горя́чая вода́ 热水;холо́дная вода́ 冷水;стира́льная маши́на 洗衣机
ко́мната для самостоя́тельных заня́тий 自习室
пост охра́ны 治安亭,保安亭

 Диало́г 1

— Здра́вствуйте, Светла́на Петро́вна! Мо́жно войти́?
— Здра́вствуйте, Ван Мин! Входи́те.
— У меня́ есть про́сьба.
— Слу́шаю Вас!
— Я живу́ в ко́мнате 205, вме́сте с Джо́ном, но мне хоте́лось бы поменя́ть ко́мнату.
— Почему́, Ван Мин?
— Потому́ что но́чью Джон гро́мко храпи́т, и я не могу́ спать.
— Хорошо́, Ван Мин. Я пересе́лю Вас в ко́мнату 318 к Серге́ю.

— Светла́на Петро́вна, но Серге́й всё вре́мя слу́шает гро́мкую му́зыку, поэ́тому я не смогу́ гото́виться к заня́тиям!
— А в каку́ю ко́мнату Вы хоти́те перее́хать?
— Я хоте́л бы перее́хать к Са́ше, в ко́мнату 222.
— Почему́ туда́?
— Потому́ что мы с Са́шей у́чимся на одно́м факульте́те и бу́дем вме́сте гото́виться к заня́тиям. Кро́ме того́, мы давно́ дру́жим.
— Хорошо́, Ван Мин, сейча́с я дам Вам ключ от э́той ко́мнаты.
— Спаси́бо, Светла́на Петро́вна!

— 您好,斯维特兰娜·彼得罗夫娜! 可以进来吗?
— 你好! 王明,请进!
— 我有一个请求。
— 好的,你说。
— 我现在和约翰住在 205 房间。但是我想换个房间。
— 为什么呢,王明?
— 因为夜里约翰打鼾太厉害,我睡不着。
— 好的,我帮你换到 318 房间,和谢尔盖一间。
— 斯维特兰娜·彼得罗夫娜! 可是,谢尔盖总是听很吵的音乐,我都不能好好准备功课了。
— 那你想搬到哪个房间啊?
— 我想搬到 222 房间,和萨沙一起住。
— 为什么呢?
— 因为我和萨沙在同一个系,我们能一起准备功课。并且,我们早就是朋友了。
— 好的,王明。我现在给你找这个房间的钥匙。
— 谢谢您,斯维特兰娜·彼得罗夫娜!

## Диалог 2

— Са́ша, дава́й схо́дим в магази́н за молоко́м!
— Мари́на, я смотрю́ фильм, мо́жет быть, схо́дим по́зже?
— Ты зна́ешь, что общежи́тие закрыва́ется в 11 часо́в ве́чера?
— Сейча́с ещё то́лько 9 часо́в, я ду́маю, мы успе́ем.
— Но магази́н закрыва́ется в 10!
— Хорошо́, сейча́с пойдём! То́лько наде́ну пальто́.

## 最简俄语日常会话

— 萨沙,我们一起去商店买牛奶吧!
— 玛丽娜,我在看电影啊,我们晚些时候去吧。
— 你知道我们的宿舍是 11 点关门吧?
— 现在才 9 点啊,我觉得,我们来得及。
— 但是,商店是 10 点关门!
— 那好吧,我们现在走,等一下我穿上大衣。

### 📞 Диалог 3

— Джон, почему́ ты не вы́нес му́сор из ку́хни вчера́ ве́чером?
— Потому́ что я не дежу́рил вчера́.
— Но в гра́фике дежу́рств стои́т твоя́ фами́лия!
— Всё пра́вильно, я про́сто поменя́лся с Ко́лей, потому́ что вчера́ ходи́л в теа́тр.
— Когда́ ты тепе́рь бу́дешь дежу́рить?
— За́втра вме́сто Ко́ли.
— Не забу́дь вы́нести му́сор и прове́рить, вы́ключены ли га́зовые пли́ты и закры́ты ли холоди́льники.
— Хорошо́, нет пробле́м!

— 约翰,为什么你昨天晚上没有收拾厨房的垃圾?
— 因为昨天不是我值日。
— 但是在值日表上写的就是你的名字!
— 没错。但是我昨天和科利亚调换了,因为我昨天去剧院了。
— 那你什么时候值日?
— 明天替科利亚值日啊。
— 不要忘了收拾垃圾,并且确认电磁炉是不是拔下电源、冰箱门是不是关上了。
— 好的,没问题!

## 四、考试 Экза́мены

### 📞 Диалог 1

— Уста́л занима́ться! Ребя́та, а не пойти́ ли нам на футбо́л?
— А кто за тебя́ бу́дет экза́мен сдава́ть?
— Экза́мен... Он ещё че́рез два дня. Пойдёмте, ребя́та, а? Тако́й матч!

— Ещё что придумал! Сиди и учи, а то не сдашь!
— Учить太累了。要不去踢球吧!
— 那谁替你去考试呢?
— 考试? 不是还有两天吗? 大家去不去啊。多好的比赛啊!
— 还想什么呢! 坐下看书吧,要不考试你过不了的!

### 📞 Диалог 2

— Привет, Саша! Как дела? Вид у тебя какой-то уставший.
— Здорово, Максим! Да сессию не сдал вовремя, теперь вот бегаю, хвосты сдаю.
— Какие предметы не сдал?
— Курсовую работу по информатике и зачёт по высшей математике. Замучился я уже!
— Советую тебе в следующем семестре ходить на все пары, тогда и сессию вовремя сдашь.
— Угу... Ясно. Ладно, побегу я. Давай пока!
— Удачи тебе, Сань!

— 你好! 萨沙。最近怎么样啊,看你很累的样子。
— 你好啊,马克西姆! 上学期没按时考试,现在赶着去补考啊!
— 你哪些课程没有考过?
— 信息学的学期论文,还有高等数学。我都快累的焦头烂额了。
— 建议你下个学期所有课都去上,那你也就能按时参加考试了!
— 哦……明白了。好了,王明,我得去了,回见!
— 祝你成功!

## VI. 生活与美 Жизнь и красота

### ♠ Активные выражения 常用词语

салон красоты 美容院; косметолог 美容师; фитнес-центр 健身俱乐部 йога 瑜伽; программы для сохранения фигуры 塑身课程; тренер 教练 фитнес-классы 健身课; фитнес-оборудование 健身器材; беговая дорожка 跑步机

мáстер 师傅；парикмáхер 理发师

космéтика 化妆品；макия́ж 彩妆；стри́чься 剪发；причёска 发型；укла́дка 定型；зави́вка 烫发；су́шка（头发）吹风

маникю́р 美甲；педикю́р 修脚；ухóд за кóжей 皮肤护理；очи́стка кóжи 清洁皮肤；отбéливание кóжи 美白皮肤；ухóд прóтив старéния 抗老化护理

окрáска 染色；мели́рование 挑染；лосьóн 润肤液；тушь для ресни́ц 睫毛膏

морщи́на 皱纹；весну́шки 雀斑；бровь 眉毛；рóдинка 痣；щёточка 刷子；мáска 面膜；скраб 去死皮；скраб для лица́ 面部磨砂膏；удали́ть у́горь 去粉刺

ухóд за тéлом 身体护理；ухóд за ногáми 脚部护理；массáж 按摩；массáж лица́ 面部按摩；массáж тéла 全身按摩

лак 指甲油；пи́лка 指甲锉刀；жи́дкость для сня́тия лáка 去甲油；молочкó для сня́тия макияжа 卸妆乳；жи́дкость для сня́тия макияжа 卸妆水；блеск для губ 唇彩；очищáющий крем 洁面乳；мáска для глаз 眼膜；крем для глаз 眼霜；ночнóй крем 晚霜；дневнóй крем 日霜

## 一、在美发店 В парикмáхерской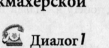

### Диалóг 1

— Здрáвствуйте, я бы хотéл постри́чься! Это возмóжно сейчáс?
— Мáстер освободи́тся минýт чéрез 15, вы подождёте?
— Да, конéчно!
— Тогдá приса́живайтесь здесь.
— А скóлько стóит стри́жка?
— Мужскáя стри́жка стóит 700 рублéй.
— 您好，我想理发。现在可以吗？
— 理发师过 15 分钟后有空，您可以等一下吗？
— 好的，可以。
— 那先坐在这吧。
— 理发多少钱？
— 男士理发 700 卢布。

### Диалóг 2

— Здрáвствуйте, скажи́те, скóлько стóит жéнская стри́жка с уклáдкой?
— Какóй длины́ вóлосы?

— Ни́же плеч.
— Така́я стри́жка бу́дет сто́ить 500 рубле́й, укла́дка фе́ном-200 рубле́й.
— 您好,请问,女士剪发加定型多少钱?
— 您要多长的头发?
— 要过肩。
— 剪发 500 卢布,定型 200 卢布。

### Диалог 3

— Здра́вствуйте, я хоте́ла бы покра́сить у Вас во́лосы.
— Здра́вствуйте, вы запи́сывались зара́нее?
— Нет, я без предвари́тельной за́писи.
— Хорошо́, проходи́те, сейча́с ма́стер свобо́ден.
— Спаси́бо! Мне ну́жен кашта́новый цвет. Бо́лее-ме́нее тако́й, како́й у меня́ сейча́с. Плюс чтобы хорошо́ закра́шивал седину́.
— Отли́чно! Мы по́льзуемся то́лько профессиона́льными сре́дствами, так что не беспоко́йтесь! Смотри́те, така́я кра́ска Вам подойдёт?
— Да, вполне́.
— Ну как? Нра́вится?
— Да, о́чень! Спаси́бо большо́е!
— Не́ за что! С Вас 1200 рубле́й. Приходи́те ещё!
— Спаси́бо, мне о́чень понра́вилось! Вы не могли́ бы дать мне ва́шу ка́рточку на бу́дущее?
— Вот, возьми́те!
— Спаси́бо. Всего́ до́брого!
— 您好,我想在您这染染发?
— 您好,您提前有预约吗?
— 我没有提前预约。
— 好的,您跟我来,现在师傅有空!
— 谢谢,太好了,我想染成褐色,差不多就像我现在这样。此外,要更好地掩饰一下白发。
— 好的,我们只选用最好最专业的产品,您不用担心。您看,这种颜料适合您吗?
— 好的,完全可以。
— 怎么样,喜欢吧?

— 非常喜欢,谢谢!
— 不用谢,您需要付 1200 卢布。欢迎再来!
— 谢谢,我非常喜欢,您能给我您的名片吗? 留着以后用。
— 好的,给您!
— 谢谢,祝您一切顺利!

## 二、在美容院 В салоне красоты

### Диалог 1

— Что вы хотите?
— Я хотела бы сделать маникюр.
— Проходите, пожалуйста! Садитесь.
— Спасибо!
— Каким лаком покрыть ногти?
— Пожалуйста, не очень ярким, вот таким.
— Так хорошо? С вас 100 рублей. Вот там касса.
— Спасибо! До свидания!
— До свидания! Приходите к нам ещё!

— 您需要什么服务?
— 我想给自己做个美甲。
— 请进吧,请坐!
— 谢谢!
— 您想用哪一种指甲油来涂?
— 请用这种吧,不太亮的。
— 这样可以吗? 收您 100 卢布。款台在那。
— 谢谢,再见!
— 再见,欢迎您再来!

### Диалог 2

— Ира, привет! Давно не виделись! Как ты прекрасно выглядишь! Как ты ухаживаешь за кожей?

— Нет ничего особенного! Принцип ухода — увлажнение летом и питание зимой. И маленький секрет по уходу за кожей такой: нельзя долгое время пользоваться одним и тем же кремом. Лучше менять косметические средства раз в два-три ме́сяца.

— Каки́ми ма́рками космéтики ты обы́чно по́льзуешься?

— Если чéстно, я не обраща́ю внима́ния на ма́рки, то́лько выбира́ю то, что мне подхо́дит.

— Ты ча́сто быва́ешь в СПА сало́нах?

— Если не о́чень занята́, я хожу́ обы́чно туда́ два ра́за в мéсяц.

— И ещё я заме́тила, что у тебя́ макия́ж про́сто идеа́льный!

— Макия́ж име́ет ра́зные ви́ды: дневно́й, вече́рний и делово́й макия́ж и т. д. Я э́тому всегда́ уделя́ю большо́е внима́ние!

— Ой, как я ма́ло об э́том зна́ю! Мо́жешь мне по́сле рабо́ты рассказа́ть о макия́же и ухо́де за ко́жей?

— Конéчно, могу́!

— 伊拉,好久不见你！你气色真好啊,你是怎么护肤的呢？

— 没有什么特别的。护理的原则是夏天要保湿,冬天要有充分的营养。还有一个护理的小秘密,就是不要长时间使用同一种面霜,最好两三个月换一次。

— 那你通常都是用什么牌子的化妆品？

— 我一般不在乎牌子,是选择适合自己的。

— 你经常去美容院做 SPA 吗？

— 如果不太忙的话,我一般每个月去 2 次。

— 我还发现你化妆也特别好！

— 妆容也有不同的类型,有日妆、晚妆和工作妆等,在这方面我很注意。

— 哎,这方面我了解太少了！下班后给我讲讲化妆和皮肤护理方面的知识好不好？

— 当然可以了。

## Ⅶ. 旅游出行 Тури́зм. Пое́здки

### 一、路线选择 Вы́бор маршру́тов

 Диало́г 1

— Друзья́ мои́, прошу́ внима́ния! Сейча́с наступа́ет сезо́н путеше́ствий, дава́йте пое́дем на экску́рсию! Обсу́дим план экску́рсий?

— Хорóшая идéя!

— Ну, выскáзывайте свои́ пожелáния! С каки́ми достопримечáтельностями вы хотéли бы познакóмиться? Что бы вы хотéли посмотрéть?

— Я хочý поéхать на Край свéта!

— А мне хóчется осмотрéть парк «Олéнь поверну́л гóлову»!

— Хорошó, мы поéдем вмéсте!

— 我的朋友们，大家请注意。旅行季节到了，让我们去旅行吧。我们讨论一下旅行计划。

— 好主意。

— 那好吧。讲一下自己的愿望。你们想参观哪些名胜古迹？想看些什么？

— 我想去天涯海角。

— 我想去鹿回头公园。

— 好的。我们一起吧。

## Диалог 2

— Здрáвствуйте! Туристи́ческое агéнтство «Профинту́р» слу́шает.

— Скажи́те, пожáлуйста, каки́е поéздки вы мóжете предложи́ть?

— Кру́изы, шоп-ту́ры, экскурсиóнные и автóбусные ту́ры, авиабилéты во все стрáны ми́ра. Что вас конкрéтно интересу́ет?

— Я хотéл бы побывáть на горнолы́жном курóрте.

— У нас есть путёвки на таки́е курóрты: в Словáкию — от 245 $, Áвстрию — от 460 $, Фрáнцию от 690 $.

— Дороговáто.

— Вы мóжете съéздить на росси́йские курóрты, напримéр, на "Домбáй" или "Теберду́", там отли́чные горнолы́жные бáзы. Ценá путёвки от 500 рублéй.

— Хорошó. Спаси́бо за информáцию. Я подýмаю над вáшим предложéнием.

— 您好，这里是"职旅"。

— 请问，你们有哪些旅游线路？

— 我们有海洋旅游、购物游、观光游、汽车旅游，还可预订世界各国的机票。您对什么感兴趣呢？

— 我想去疗养与冰雪运动的胜地。

— 有去前斯洛伐克、奥地利、法国的，起价分别为：245美元、460美元、690美元。

— 有些贵啊！
— 俄罗斯境内也有类似的疗养地啊，您可以去：达姆拜或捷别尔达，那里也有很好的滑雪基地，起价 500 卢布。
— 好的，谢谢您提供的信息，我会考虑您的建议的。

## 📞 Диалог 3

— Здрáвствуйте, я прочитáл объявлéние о том, что у вас éсть туристи́ческие путёвки за грани́цу.
— Совершéнно вéрно. Когдá и в какýю странý вы хотéли бы поéхать?
— Что вы мóжете предложи́ть на конéц ию́ня?
— Éсть местá на теплохóде «Лéрмонтов» по маршрýту Одéсса — Стамбýл — Марсéль — Лóндон — Петербýрг.
— Скóлько стóит такáя поéздка?
— От восьмисóт дóлларов.
— Гм... Это бóльше, чем я предполагáл...
— Ви́дите ли, в стóимость путёвки вхóдят и поéздки в другие городá. Наприме́р, вы проведёте два дня в Пари́же.
— Спаси́бо, я подýмаю.

— 您好，我看过你们这里有国外的旅游疗养证。
— 是的，您打算什么时间，去哪个国家？
— 六月底有什么合适的路线吗？
— 有，乘"莱蒙托夫号"观光船从奥德萨出发经伊斯坦布尔、马赛、伦敦，最后到达圣彼得堡。
— 价格是多少？
— 800 美元起价。
— 恩，比我打算的要多。
— 您看一下，价格里还包括去其他城市的游览，比如说，在巴黎要逗留二天。
— 谢谢，我考虑一下。

## 📞 Диалог 4

— Я слы́шал, вы собирáетесь в путешéствие по «Золотóму кольцý»?
— Да, мы там ни рáзу нé были, но мнóго слы́шали о нём.
— Там éсть что посмотрéть. Ведь этот маршрýт прохóдит по дрéвним рýсским городáм, в котóрых сохрани́лись архитектýрные пáмятники и дрéвняя жи-

вопись.

— А скóлько такѝх городóв?

— Éсли я не ошибáюсь, — семь: Ростóв, Загóрск, Переяславль-Залéсский, Владѝмир, Сýздаль, Ярослáвль, Костромá.

— Нам сказáли, что мы мóжем познакóмиться со старѝнными рýсскими прóмыслами.

— Да, там сплошь и рядом продаются деревянные и глѝняные игрýшки, жóстовские поднóсы и шкатýлки из Пáлеха, украшéния.

— 我听说,你们打算报"金环"游?

— 是的,对此线路早有耳闻,但一次都没有去过。

— 确实有很多地方值得看。这是一条俄罗斯古城游路线,可以欣赏到保存完好的历史古迹以及古老画派的珍品。

— 可以游览多少座城市?

— 如果我没记错的话,是七座城市:罗斯托夫、扎戈尔斯克(现称吉耶夫镇)、别列斯拉夫-札列斯基、弗拉基米尔、苏兹达尔、雅罗斯拉夫尔和科斯特罗马。

— 听说我们还可以了解俄罗斯民间手工艺技艺。

— 是的,有很多出售木制、陶土玩具、日斯托夫产花纹绘制托盘、帕列赫产首饰盒等装饰品。

## 二、订机票、火车票

### Закáз билéтов на самолёт и пóезд

♠ Актѝвные выражéния 常用词语

билéт на пóезд / самолёт / парохóд 火车票/ 机票/ 船票;билéт туда и обрáтно 往返票

на какóе числó? куда? 买几号的? 去哪?

скóрый пóезд 快车;скоростнóй пóезд 特快列车;пассажѝрский пóезд 普客列车;óбщий вагóн 散座车厢;спáльный вагóн 豪华包厢;плацкáртный ( купéйный ) вагóн 硬卧(软卧)车厢;вагóн-ресторáн 餐车

вéрхнее ( нѝжнее ) мéсто 上(下)铺;эконóм-класс 经济舱;пéрвый класс 头等舱

посáдка 登机(上车)(上船);пересáдка 转乘(换乘)

проводнѝк ( проводнѝца ) 列车员(女列车员)

第一部分：典型情景交流

## Диалог 1

— Спра́вочное «Кита́йская авиакомпа́ния»? Здра́вствуйте! Мне ну́жно быть за́втра в Пеки́не.
— Здра́вствуйте, в Пеки́н ка́ждый день есть четы́ре ре́йса.
— Ско́лько вре́мени туда́ лети́т самолёт?
— Четы́ре часа́.
— Прости́те, ещё вопро́с. Ско́лько сто́ит биле́т?
— Две ты́сячи юа́ней.
— 是中国航空公司问讯处吗？您好！明天我要去北京。
— 每天有四次飞往北京的航班。
— 飞机要飞多久呢？
— 4个小时。
— 对不起,还有一个问题,票价是多少？
— 2000元

## Диалог 2

— Скажи́те, пожа́луйста, у вас есть биле́ты в Москву́?
— Да. На како́й по́езд вы хоти́те купи́ть биле́т?
— На по́езд № 1. Он прихо́дит в Москву́ у́тром в 10:26?
— Да. На како́е число́?
— Лу́чше сего́дня ве́чером.
— К сожале́нию, на э́тот по́езд уже́ нет биле́тов.
— О́чень жаль! А что же мне де́лать? Э́то о́чень удо́бный по́езд: ложи́шься спать в Волгогра́де, а у́тром — уже́ в Москве́.
— Посмотри́те расписа́ние поездо́в: 15 (пятна́дцатый) то́же мо́жно назва́ть ночны́м по́ездом: е́дете всю ночь, пра́вда, прие́дете днём.
— Ну, ла́дно.
— Вот ва́ши биле́ты. Всего́ 2500 рубле́й.
— Возьми́те де́ньги.
— 请问,有莫斯科的火车票吗？
— 有。你想买哪个车次？
— 买一次列车。到莫斯科是10:26吗？
— 是的,您想买哪天的呢？

— 最好今天晚上的吧。
— 很遗憾这个车次没有票了。
— 那我该怎么办？这是最合适的车次：从伏尔加格勒开始睡觉，早上就到莫斯科了。
— 请看一下列车时刻表：15 次也是夜车，晚上发车，正好白天到。
— 恩,好吧。
— 给您票。一共 2500 卢布。
— 给您钱。

## 三、在火车站 На вокза́ле

— Вы не ска́жете, где втора́я платфо́рма?
— Вот она́.
— Благодарю́. Это шесто́й ваго́н?
— Да. Пожа́луйста, ва́ши биле́ты. Проходи́те, пожа́луйста. У вас второ́е, тре́тье и четвёртое купе́.
— Спаси́бо. Скажи́те, пожа́луйста, когда́ мы бу́дем в го́роде Санья?
— В 8 часо́в.
— Спаси́бо.

— 请问,第二站台在哪儿？
— 在那儿。
— 谢谢。这是第六车厢么？
— 是的。请出示您的票。请上车。你们是 2 号,3 号和 4 号包厢。
— 谢谢。请问,我们什么时候到达三亚？
— 8 点钟。
— 谢谢。

## 四、在机场 В аэропорту́

♠ Акти́вные выраже́ния 常用词语

Прия́тного полёта! 祝你旅途愉快！Мя́гкой поса́дки! 着陆平安！Счастли́вой пое́здки! 旅途愉快！

объявля́ть поса́дку 宣布登机；де́лать переса́дку 转乘；би́знес-класс 公务舱

## 第一部分：典型情景交流

виза 签证；бланк таможенной декларации 海关申报单

### 📞 Диалог 1

— Скажите пожалуйста, где регистрационное бюро авиакомпании?

— Идите прямо, потом налево.

— Спасибо вам. Можно взять это как ручную кладь?

— Можно! Но главное, чтобы вес не превышал 5 (пяти) кг. (килограммов)

— Скажите, пожалуйста, где можно сдать этот чемодан в багаж?

— На стойке регистрации принимают багаж на ваш рейс. И вы получите багажный талон

— Спасибо!

— Не за что!

— 请问，哪里是航空公司登记处？

— 直走，然后左转。

— 谢谢您。我能随身携带这个行李么？

— 可以。但它们的重量不得超过5公斤。

— 请问，在哪里可以托运行李啊！我想托运它。

— 执机台那儿可以办理航班托运，行李票您拿好。

— 谢谢。

### 📞 Диалог 2

— Простите, вы из России?

— Да. А вы кто?

— Разрешите представиться: меня зовут Антон. Я гид из Всекитайской турфирмы. Я приехал специально, чтобы вас встретить.

— Очень приятно! Меня зовут Сергей.

— Сергей, вы получили свои вещи?

— Я долго ждал багаж. Ещё нет чемодана чёрного цвета!

— Не волнуйтесь! Подождите здесь!

— Хорошо.

— 请问，您是从俄罗斯来的么？

— 是的。请问您是？

— 请允许我做自我介绍，我叫安东，是国际旅行社的导游。是专门来迎接您的。
— 很高兴,我叫谢尔盖。
— 谢尔盖,您的东西都拿到了么?
— 等了很长时间行李。还有一件黑色的行李箱没有到。
— 别着急,您在这儿等一下。
— 好。

## 五、在边境 На границе

### ♠ Активные выражения 常用词语

таможенный досмотр 海关检查; проверка 检查; пассажирская декларация 旅客申报单; беспошлинные товары 免税物品

паспорт для частной поездки 因私护照; туристическая виза 旅游签证; свидетельство о состоянии здоровья 健康证; разрешение на ввоз и вывоз валюты 外币出入境许可

оформлять паспорт 办护照; гражданство 国籍

 **Диалог**

— Здравствуйте! Ваш паспорт и визу, пожалуйста.
— Вот, пожалуйста!
— Куда вы едете?
— В Москву.
— Скажите, какова цель вашей поездки?
— Туризм и отдых.
— Какой срок пребывания?
— Две недели.
— Вам нужно заполнить декларацию. Вы её заполнили?
— Да, вот моя декларация.
— Покажите ваш багаж, пожалуйста!
— Вот мой багаж. У меня только личные вещи.
— ...Благодарю, всё в порядке!
— Спасибо, всего доброго!
—您好! 请出示护照和签证。
— 给您。

— Вы要去哪里?
— 莫斯科。
— 请问,您此次出行的目的?
— 旅行和度假。
— 待多长时间?
— 两个星期。
— 您需要填写申报单。您填过了吗?
— 是的,这是我的申报单。
— 请出示您的行李。
— 这是我的行李,只有我的一些私人物品。
— 谢谢,一切正常。
— 谢谢! 祝您一切顺利。

## 六、在宾馆 В отéле

♠ Акти́вные выраже́ния 常用词语

брони́ровать 定(票、席位等);заполня́ть(что)填写;
одноме́стный(но́мер)单人间;но́мер-люкс 豪华间;су́тки 一昼夜
группова́я ви́за 团签;зало́г 押金;ка́рточка-ключ 钥匙卡
нали́чные 现金;квита́нция 收据;тало́н на за́втрак 早餐券
носи́льщик 搬运工;行李生;чаевы́е 小费

 Диало́г 1

— До́брый день, господа́! Я к ва́шим услу́гам.
— Мы заказа́ли номера́: оди́н двухме́стный и два одноме́стных.
— Мину́точку! Я прове́рю зака́з. Назови́те, пожа́луйста, фами́лии тури́стов.

— 先生们,你们好! 我愿意为您效劳。
— 我们订了房间:一个双人间和两个单人间。
— 请稍等。我核对一下预订单。请您告诉我游客们的名字。

 Диало́г 2

— До́брый ве́чер. Мы заказа́ли но́мер на и́мя Ли.
— Сейча́с посмотрю́. Да, для Ли заброни́рован но́мер на одного́ челове́ка.

Я могу́ предложи́ть вам но́мер на второ́м этаже́ или на восьмо́м. Како́й этаж хоти́те?

— Да́же и не зна́ю. А куда́ выхо́дят о́кна?

— Сове́тую взять но́мер наверху́. О́кна выхо́дят на мо́ре. Прекра́сный вид!

— Вы меня́ уговори́ли!

— Когда́ бу́дете уходи́ть, оста́вьте ваш ключ на этаже́.

— 晚上好！我们用李先生的名字订了房间。

— 我查一下。是的，是给李先生留了个单人间。我可以提供给您二层或八层的房间。您想住哪层？

— 我也不知道。窗户朝什么方向？

— 我建议你住上面的房间。窗户正对着海，景色很美。

— 我听您的。

— 您走的时候把钥匙留在本层服务台。

## Диалог 3

— Алло́, администра́тор?

— Да, слу́шаю вас!

— Мне ну́жно заказа́ть такси́ на 4 часа́ утра́ в аэропо́рт. Как туда́ позвони́ть?

— Спи́сок телефо́нов у вас на столе́. Смотри́те «Зака́з такси́».

— А... ви́жу. Спаси́бо!

— 喂！您是管理员吗？

— 是的，您有什么事？

— 我要订一辆早晨4点的出租车去机场，该往哪儿打电话？

— 您桌子上有电话簿。请查"定出租车"。

— 啊……看见了，谢谢。

## Диалог 4

— Прости́те, как мне попа́сть в но́мер 914?

— А вы прожива́ете в гости́нице? Тогда́ на́до показа́ть гостеву́ю ка́рточку.

— Нет, не прожива́ю. Здесь останови́лся мой колле́га. Он то́же прие́хал на конгре́сс.

— Ах, вот как! Прошу́ проще́ния! На 9-ом этаже́ остана́вливаются тре́тий и пя́тый ли́фты.

— Лифт спра́ва? Ви́жу, спаси́бо!
— На этаже́ спроси́те у дежу́рной. Она́ вас проводи́т.
— Там я сам разберу́сь! Никаки́х пробле́м!
— 请问，到914房间怎么走？
— 您是住在这个旅馆的吗？那么，先要出示住宿证.
— 不，我不住这儿。我的同事住这儿，他也是来开会的。
— 啊，是这样的。请原谅！3号电梯和5号电梯在9层停。
— 电梯是在右边吗？看见了，谢谢。
— 到了第九层问楼层服务员。她会带您去的。
— 到那儿我自己就能找到，没问题。

## 七、在邮局 На по́чте

♠ Акти́вные выраже́ния 常用词语

око́шко 窗口；сто́йка 柜台
письмо́ 信；конве́рт 信封
вскры́ть (закле́ивать) конве́рт 拆开（封上）信封
а́дрес 地址；почто́вый штемпель 邮戳；ма́рка 邮票
почто́вый и́ндекс 邮政编码；обра́тный а́дрес 回信地址
почтальо́н 邮递员；доста́вка корреспонде́нции 信件送达
хру́пкий 易碎的；не сгиба́ть 勿折
авиапо́чта 航空邮件；почто́вый перево́д 邮政汇款；бланк перево́да 汇款单
заказно́е письмо́ 挂号信；почто́вые расхо́ды 邮费
почто́вый я́щик 邮筒；посы́лка 邮包, 包裹；курье́р 速递
Где ближа́йшая по́чта? 最近的邮局在哪？
До ближа́йшей по́чты далеко́? 到最近的邮局远吗？
Где ближа́йший почто́вый я́щик? 最近的邮箱在哪儿？
Мне ну́жно не́сколько почто́вых ма́рок. 我需要一些邮票。
Ско́лько сто́ит почто́вый сбор в Аме́рику? 邮到美国（美洲）要多少钱？
Ско́лько ве́сит посы́лка? 这个邮包多重？
Мо́жно посла́ть э́то авиапо́чтой? 我能航空邮件邮寄它（包裹）吗？
Когда́ э́то дойдёт? 多久才能到？
Мы мо́жем отпра́вить де́ньги по по́чте? 我能用邮政汇款吗？
Запо́лните, пожа́луйста, бланк. 请填写汇款单？

## 最简俄语日常会话

Я хочу́ посла́ть перево́д в де́сять ты́сяч рубле́й в Росси́ю. 我想汇一万卢布到俄罗斯。

Ско́лько мне бу́дет сто́ить перево́д в 10 ты́сяч рубле́й? 汇一万卢布要多少钱?

За ско́лько дней он бу́дет доста́влен? 几天能收到?

Э́то ва́ша квита́нция, бу́дьте внима́тельны! Не потеря́йте! 这是收据,请保管好!

Да́йте, пожа́луйста, бланк для посы́лки и бланк для перево́да. 请给我一张包裹单和汇款单!

Я хочу́ посла́ть э́ту посы́лку экспре́ссом, здесь мо́жно? 我想把这个包裹寄特快专递,这里能办吗?

Что внутри́? 里面装的是什么?

Мо́жно вложи́ть письмо́ в посы́лку? 包裹里可以夹信件吗?

Извини́те, да́йте мне коро́бку для отпра́вки посы́лки. 打扰,请给我一个寄包裹用的纸箱。

Напиши́те здесь ва́шу фами́лию, и́мя и а́дрес. 请在这填上您的姓名和地址。

### 📞 Диалог 1

— Здра́вствуйте, я хоте́л бы посла́ть ва́жный докуме́нт в Кита́й! И мне сро́чно! Мо́жно отпра́вить его́ сро́чным заказны́м?

— Да, коне́чно, напиши́те а́дрес на конве́рте.

— Вот, держи́те.

— Вы забы́ли про и́ндекс. Впиши́те и́ндекс!

— Да, прости́те!

— Хорошо́! С вас 230 рубле́й.

— Ой, извини́те, забы́л спроси́ть: за ско́лько оно́ дойдёт?

— Оно́ у вас сро́чное: дня за три-четы́ре.

— Спаси́бо!

— 您好,我想往中国寄一份重要文件,我很急,可以寄加急挂号吗?

— 当然可以,请在信封上写下地址。

— 给您。

— 您忘了写邮编。请填写邮编。

— 哦,抱歉。

— 好的,一共是230卢布。

— 哦,不好意思,忘了问,多少天能到?
— 这是加急的,大概三四天吧。
— 谢谢。

## ☎ Диалог 2

— Здравствуйте, я хотел бы послать эти сувениры в Испанию.
— Да, а что вы отправляете?
— Платок, матрёшки, календари и книги.
— Хорошо, давайте взвесим. Так, вес до двух килограммов. Это будет бандероль. Составьте опись. Вот бланк.
— Возьмите. А коробку Вы мне дадите?
— Да, вот коробка. Кладите подарки. Вы посылаете авиа или наземным транспортом?
— Авиа. Сколько это будет стоить?
— 760 рублей. Составьте опись того, что вы отправляете с приблизительной ценой.
— Хорошо! Возьмите опись и деньги, пожалуйста!
— За сколько дней дойдёт бандероль?
— За неделю.
— Ладно, спасибо. До свидания!
— Всего доброго!

— 您好,我想把这些纪念品寄往西班牙。
— 可以,您寄什么?
— 披肩、套娃、日历和书籍。
— 好的,称一下重。嗯,2公斤重。这是包裹。填一下表格,给您表格。
— 给您。能给我一个盒子吗?
— 好的,给您。把礼品放进去。您是走空运还是走陆路?
— 空运。多少钱?
— 760卢布。请填一下保价单。
— 好的。给您单子和钱。包裹多少天能到?
— 一个星期。
— 好吧,谢谢。再见!
— 再见!

### Диалог 3

— Здра́вствуйте, я отпра́вил посы́лку полме́сяца наза́д, но она́ пока́ не дошла́, э́то норма́льно?
— Да, сейча́с иногда́ посы́лки за грани́цу иду́т о́чень до́лго. Вы проверя́ли по отсле́живанию почто́вых отправле́ний?
— Нет, куда́ я до́лжен обрати́ться?
— На са́йте «По́чта Росси́и» есть разде́л по отсле́живанию почто́вых отправле́ний. Вы должны́ ввести́ код ва́шей посы́лки. Он напи́сан на квита́нции, кото́рую вам да́ли, когда́ вы отправля́ли посы́лку.
— Хорошо́, я по́нял! Спаси́бо! До свида́ния!
— До свида́ния!

— 您好,我半个月前邮寄了一个包裹,但是现在还没有到,怎么回事?
— 是的,现在寄往国外的包裹有时需要很久才能到。您有没有进行过邮件的跟踪检查?
— 没有,我应该去哪里?
— 在俄罗斯邮政网上有一栏邮件跟踪。您需要输入您的包裹代码,这个代码是您邮寄包裹时给您写在收据上的。
— 好的,明白了,谢谢!再见!
— 再见!

### Диалог 4

— Здра́вствуйте, мне пришло́ уведомле́ние о получе́нии посы́лки из Кита́я.
— Да, да́йте Ваш па́спорт, пожа́луйста!
— Возьми́те.
— Вы не запо́лнили обра́тную сто́рону уведомле́ния. Вы должны́ написа́ть ва́ши и́мя, фами́лию, о́тчество, па́спортные да́нные и расписа́ться.
— Ой, извини́те! Вот, возьми́те.
— Так, подожди́те, пойду́ поищу́ ва́шу посы́лку. Вот она́!
— Спаси́бо. До свида́ния!
— До свида́ния!

— 您好,通知我有来自中国的包裹。
— 好,出示您的护照。

— 给您。
— 您没有填写通知的背面。您需要写出您的名字、姓、父称和护照信息并签收。
— 哦,抱歉。写完了,给您。
— 好,请稍等,我去找您的包裹。它在这儿。
— 谢谢。再见!
— 再见!

## 八、在银行 В банке

♠ **Активные выражения** 常用词语

**(1) 储蓄**

вклад, депозит 存款;снять деньги 取款;банковский депозит 银行存款

бессрочный вклад 活期存款;краткосрочный вклад 短期存款

вносить деньги по депозиту 存入存款;выплачивать деньги по депозиту 支取存款

Мне надо взять деньги с книжки. 我需要取钱。

Заполните этот формуляр и подойдите к окну (окошку) No. 3 请您填好这张卡片,然后到3号窗口办理。

Вот мой паспорт. 这是我的护照。 Вот мой адрес. 这是我的地址。

Я хотел бы (хотела бы) снять деньги с моего счёта. 我想从账户里取钱。

Как высока комиссия? 费用是多少?

Где мне расписаться? 我应该在哪里签名?

Я ожидаю денежный перевод из Китая. 我在等来自中国的汇款。

Вот номер моего счёта. 这是我的银行账号。

Деньги пришли? 钱已经到了吗?

Дайте мне, пожалуйста, мелкие банкноты. 请您给我一些零钱。

Здесь есть банкомат? 这里有自动取款机吗?

Сколько денег можно снять? (次)能取出多少钱?

Какими кредитными карточками можно здесь пользоваться? 这里能用哪些信用卡?

**(2) 货币兑换**

валюта 货币;иностранная валюта 外汇, 外币;конвертируемая валюта 可以自由兑换的货币;неконвертируемая валюта 不能自由兑换的货币

обмéн валю́ты 货币兑换；обмéнивать валю́ту 兑换外汇；кóсвенный (прямóй) обмéн валю́ты 货币间接 (直接) 兑换

ценá валю́ты 外汇价格；валю́тные оперáции 外汇业务

Как бу́дет осуществля́ться обмéн валю́ты? 怎样兑换外币呢?

Каки́е оперáции вы хоти́те офóрмить? 您要办理什么业务?

Я хочу́ обменя́ть америкáнские дóллары. 我想换美元。

Какóй сейчáс курс? 现在的汇率是多少?

Курс дóллара снóва пони́зился (повы́сился). 美元汇率又跌 (升) 了。

Я хотéл бы (хотéла бы) поменя́ть э́ти дéньги. 我要换钱。

## Диалог 1

— Дóброе у́тро! Чем могу́ вам помóчь?

— Моя́ фами́лия Ван. Я дóлжен получи́ть перевóд из моегó бáнка в Росси́и.

— Пóчтой, телегрáммой или тéлексом?

— Тéлексом.

— Одну́ мину́ту. Сейчáс провéрю. Вас зову́т Ван Мин?

— Вéрно.

— Да, пришёл перевóд на 800 дóлларов из росси́йского бáнка. У вас есть докумéнт, удостоверя́ющий ли́чность?

— Да, у меня́ есть пáспорт. Вот, пожáлуйста.

— Спаси́бо.

— 早上好! 有什么可以帮您吗?

— 我姓王。我需要取我在俄罗斯银行的汇款。

— 是通过邮局还是电报还是传真呢?

— 传真。

— 稍等。马上查一下。您叫王明吗?

— 是的。

— 有来自俄罗斯银行的 800 美元的汇款。您有身份证明吗?

— 我有护照。

— 谢谢。

## Диалог 2

— Здрáвствуйте. Я из Китáя. Я хочу́ откры́ть у вас счёт. Подскажи́те, пожалуйста, какие документы для этого необходимы?

— Нам нужен ваш паспорт, письмо от вашего работодателя или с места учёбы, если вы студент.

— Это всё?

— Да, всё!

— Спасибо.

— 您好。我来自中国。我想在您这里开个账户。请问这需要什么文件吗?

— 需要您的护照、单位的介绍信,如果您是学生的话就开学校介绍信。

— 这些就够了吗?

— 是的。

— 谢谢。

## 九、问路 Узнавать у других, как добраться куда-либо

♠ Активные выражения 常用词语

трамвай 有轨电车;троллейбус 无轨电车;скоростной трамвай 轻轨 экспресс 特别快车;такси 出租车;метро 地铁;маршрутное такси (маршрутка) 线路固定的出租车

карточка 卡;жетон 证章;号牌;водитель 司机

около 300 метров 约 300 米

находиться от 位于……

Где музей? 博物馆在哪里?

Где ближайшая станция метро? 最近的地铁站在哪?

Идите прямо. 你一直往前走。

Около 10 (десяти) минут ходьбы. 走路大概要 10 分钟。

Я хочу поехать в зоопарк. 我打算去动物园。

Посмотрите на карту. 您看看地图吧。

Ну что ж, мы сейчас отправимся в путь. 好吧,我们现在出发。

### 📞 Диалог 1

— Вы не скажете, как добраться до центра города?

— На автобусе. Нужно делать пересадку.

— На каком автобусе мне нужно ехать?

— На втором или четвёртом.

## 最简俄语日常会话

— Спаси́бо!
— 您能告诉我到市中心怎么走吗?
— 乘坐公共汽车。需要换车。
— 不需要。
— 那我需要乘坐几路公交车呢?
— 2 路或 4 路都可以。
— 谢谢。

### Диало́г 2

— Скажи́те, пожа́луйста, где остано́вка авто́буса?
— Поверни́те сейча́с нале́во, иди́те вперёд по у́лице до светофо́ра, перейди́те на другу́ю сто́рону. Остано́вка у перехо́да.
— Спаси́бо!
— Не сто́ит благода́рности!
— 请问,车站在哪里?
— 现在向左转,沿着这条街走到红绿灯,再到马路对面。车站就在人行横道的边上。
— 谢谢。
— 不用谢。

### Диало́г 3

— Прости́те, как мне дое́хать до гости́ницы «Пеки́н»?
— Сади́тесь на 112 (сто двена́дцатый) авто́бус.
— А когда́ мне выходи́ть?
— Че́рез пять остано́вок. Остано́вка так и называ́ется: « Гости́ница Пеки́н».
— Спаси́бо!
— 请问,我去"北京"宾馆怎么走?
— 坐 112 路公共汽车。
— 我什么时候下车呢?
— 过 5 站,站名就叫"北京"宾馆。
— 谢谢。

## VIII. 健康和医疗 Здоровье и медицина

### ♠ 俄罗斯人的医疗制度

在俄罗斯对于普通人来说,看病似乎不太难。病人到医院就诊,只要出示自己的医疗保险卡,即可享受几乎是免费的医疗服务。俄罗斯的免费医疗制度虽为广大中低收入群体带来了实惠,但也产生了不少问题,俄民众普遍反映医疗效率低下,服务质量不高。看病要经过许多复杂的程序,要排很长的队,花很长的时间,如果等不及想优先,就得付费,病人想找有经验的医生,也要付费。住院治疗虽然免费,但一些采用高新技术的手术、进口医疗器材和进口药,病人也需单独付费。预约看病的患者经常被答复十几天甚至一个月以后才可以就诊,这使许多急症患者不得不选择自费医疗。

近些年来,莫斯科出现了不少私人医院。虽然看一次感冒的诊疗费用需要交1500卢布,住院治疗每天的开销要4500卢布,但先进的医疗水平和温馨周到的护理还是受到不少高收入人群的青睐。到私人诊所就医,可节省很多时间,同时能得到高水平的治疗和护理,公立医院和私人诊所根本无法相比。

本可享受免费医疗的居民,却要花钱到私人诊所看病,这从一个侧面折射出俄医疗体制存在的问题。尽管如此,俄卫生部门的官员和专家们都认为,俄全民强制医疗保险基金制度的方向是对的,应继续坚持下去,国家需要加大对社区基层医疗单位的投入,细化医疗服务标准,这也是俄罗斯普通民众的期盼所在。

### ♠ Активные выражения 常用词语

врач 医生;глазни́к 眼科(录音中该词汇去掉,外教说不对);окули́ст 眼科医生;терапе́вт 内科医生;зубно́й врач 牙医

жа́ловаться 抱怨;го́рло 嗓子;рот 嘴;лёгкие 肺;по́яс 腰;желу́док 胃;грудь 胸;пульс 脉搏

Меня́ тошни́т 我恶心。Я замёрз. Я冻坏了。Меня́ зноби́т, мне хо́лодно. 我发抖,我觉得冷。Я вспоте́л. 我出了(很多)汗。Меня́ беспоко́ит се́рдце. 我心脏不舒服。У меня́ (высо́кая) температу́ра. 我发(高)烧了。язы́к обло́жен 舌苔很厚

покрасне́ние 发红;анги́на 扁桃体炎;недомога́ния 萎靡不振;ревмати́ческий артри́т 风湿性关节炎;апопле́ксия 中风;я́зва 溃疡;кру́жится голова́ 头晕;гипертони́я 高血压；холестери́н 血脂；кровоизлия́ние в мозг 脑溢血

записа́ть на приём 挂号；тало́н 挂号单；медици́нская ка́рта 医疗卡

бюро́ обслу́живания 服务处；апте́ка 药房；реце́пт 药方, 处方；рентге́н X 光片；лечи́ть（ся）治疗；масса́ж 按摩；ба́нка 火罐, 拔罐；гипс 石膏

целе́бные тра́вы кита́йской медици́ны 中草药；лека́рство 药（药剂）；табле́тка 药片（片剂）；принима́ть лека́рства 服药；ана́лизы кро́ви и мочи́ 血和尿的化验

сде́лать уко́л 打针；сбить температу́ру 降温；вы́писать лека́рство 开药

По одно́й табле́тке три ра́за в день. 一天三次，一次一片。

Поправля́йтесь скоре́е! 早日康复

## 📞 Диалог 1

— Ты сего́дня пло́хо вы́глядишь. Ты не бо́лен?
— Нет, про́сто уста́л. У меня́ сейча́с мно́го рабо́ты.
— Дава́й пойдём в кита́йский медици́нский сало́н де́лать масса́ж!
— Хоро́шая иде́я! С удово́льствием!

— 你今天脸色不好，你是不是病了？
— 不是，只是太累了。目前我的工作太多。
— 咱们去中医院做按摩吧。
— 好主意，很高兴。

## 📞 Диалог 2

— Извини́те, мне о́чень нело́вко. Вы не могли́ бы вы́звать врача́?
— Коне́чно. Что с Ва́ми?
— У меня́ ревмати́ческий артри́т, но́ги боля́т, ну́жно принима́ть целе́бные тра́вы кита́йской медици́ны.
— Я сейча́с же позвоню́ в бюро́ обслу́живания. Приля́гте!
— Большо́е спаси́бо!

— 对不起，我行动很不方便，您能不能帮我请位医生来？
— 当然可以，您怎么了？
— 我有风湿性关节炎，腿痛，需要服用中草药。
— 我这就给服务处打电话。您先躺一躺.
— 非常感谢。

## 第一部分:典型情景交流

### 📞 Диалог 3

— Здравствуйте! На что жалуетесь?
— У меня горло болит. И температура.
— Так, покажите горло. Скажите: а-а-а! Да, горло красное, и язык обложен. Какая температура?
— Тридцать семь и девять.
— У вас ангина. Сейчас вам надо пить много воды. Банки тоже могут вам хорошо помочь.
— Хорошо, я попробую!

— 您好!您哪里不舒服?
— 我的嗓子疼还发烧。
— 好,让我看看嗓子,说:啊——啊!嗯,嗓子红肿并且舌苔很厚,体温多少?
— 37.9度。
— 您的扁桃腺发炎了。现在您需要多喝水。拔罐也很有效。
— 好的,我试试。

### 📞 Диалог 4

— Сегодня ты не очень хорошо выглядишь!
— У меня болит голова и тошнит.
— Ты заболела?
— Не знаю! Но вообще-то, у меня совсем нет никаких сил.
— Ты мёрзнешь?
— Как-то немного знобит и, в то же время, сильно потею.
— Я запишу тебя на приём к врачу.
— Было бы хорошо!
— Когда запишу, я позвоню тебе!

— 今天你看起来不是很好。
— 我头疼还恶心。
— 你生病了吗?
— 不知道,但浑身没劲。
— 你冻着了?
— 好像有点发冷,同时还出很多汗。
— 我给你挂号看医生。

— 好的。
— 我挂完号给你打电话。

## 📞 Диалог 5

— Мне нýжно к зубнóму врачý!
— Однý минýточку! Нóмер вáшей медицúнской кáрты?
— У меня нет кáрты. Я у вас пéрвый раз.
— Тогдá запóлним кáрту. Пожáлуйста: фамúлия, úмя, год рождéния?
— Ли Мин. Из Китáя. 24 гóда.
— Где вы рабóтаете, ýчитесь?
— Я стажёр в Институте физúческой хúмии.
— Живёте в общежúтии?
— Да, ýлица Гóголя, семнáдцать.
— Всё. Возьмúте талóн к врачý. Вáша óчередь в половúне двенáдцатого. Вторóй этáж, двáдцать пя́тый кабинéт.

— 我要看牙科。
— 请等一等,您的医疗卡号码是多少?
— 我没有医疗卡,我是第一次来你们这里看病。
— 那咱们就先填张卡吧,请告诉我您的姓名、出生年月?
— 李明。中国来的。24 岁。
— 您是在哪儿工作还是学习?
— 我是物化所的实习生。
— 住在集体宿舍吗?
— 是的,果戈理大街 17 号。
— 好了。您拿这张就诊单到医生那儿去吧。您的就诊时间是 11 点半。2 层,25 号诊室。

## 📞 Диалог 6

— Мне, пожáлуйста, талóн к терапéвту.
— Этот врач принимáет сегóдня пóсле обéда. Мóжно напрáвить вас к другóму врачý?
— Да, éсли мóжно! Чем быстрéе, тем лýчше!
— Хорошó! Вот вам на четы́рнадцать сóрок. Трéтий этáж. Кабинéт нóмер два.

— Спасибо!
— 请给我挂内科。
— 那的医生今天下午才接诊。可以把您分到别的医生那里吗?
— 如果可以的话,越快越好。
— 好的,给您,14 点 40 分,3 层 2 号诊室。
— 谢谢。

## 📞 Диалог 7

— Мне нужно попасть к глазному врачу!
— Окулист принимает только 2 раза в неделю.
— В какой день следующий приём?
— В пятницу.
— Мне это неудобно!
— Тогда во вторник с 15 до 20. (с пятнадцати до двадцати)
— Вот это мне подходит! Запишите меня!
— Мы не записываем, придёте утром во вторник и получите талон к врачу.
— Да, но утром я работаю. Как же быть?
— Ну тогда зайдите вечером, в понедельник.
— Спасибо большое!

— 我要挂眼科。
— 眼科每周只看两次。
— 下次是星期几?
— 星期五。
— 这个时间我不行。
— 那么就星期二,下午 3 点至 8 点。
— 这个时间对我很合适,请给我预约这天的号码?
— 现在我们不预约,请您星期二早上来拿就诊卡。
— 可是早上我要上班,怎么办呢?
— 那您就星期一晚上来。
— 多谢您了。

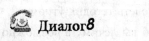

## Диалог 8

— Садитесь. На что жалуетесь?
— У меня в последнее время болит голова.

— А температу́ра есть?
— Небольша́я, по вечера́м.
— Разде́ньтесь до по́яса. Я вас послу́шаю. В лёгких у вас чи́сто. Ну-ка, откро́йте рот. В го́рле покрасне́ние. У вас анги́на. Вам ну́жно сро́чно сде́лать уко́л, что́бы сбить температу́ру. Я сейча́с вы́пишу лека́рства для вас. Пить по одно́й табле́тке три ра́за в день.
— А где мо́жно взять лека́рство?
— По реце́пту купи́ть в апте́ке.
— Хорошо́.
— Поправля́йтесь скоре́е!
— Спаси́бо, до свида́ния!
— До свида́ния!
— 请坐,您哪儿不舒服?
— 我最近老是头痛。
— 发烧吗?
— 有点烧。总是在每天傍晚。
— 请脱去上衣。我给您听一听。您肺部清晰。好,张开嘴,嗓子红肿,您患的是扁桃腺炎。您需要打针退烧,然后再开一些药。每次一片,一天3次。
— 从哪里拿药?
— 凭药方在药店里买。
— 好的。
— 祝你早日康复。
— 谢谢,再见。
— 再见。

### 📞 Диало́г 9

— До́ктор, у меня́ боли́т зуб.
— Како́й зуб вас беспоко́ит?
— Вот э́тот.
— Так. Пя́тый ни́жний сле́ва. Давно́ он боли́т?
— Нет, он на́чал боле́ть сего́дня у́тром.
— Мо́жет быть, его́ вы́лечим, а возмо́жно, придётся его́ удали́ть.
— А нельзя́ ли поста́вить пло́мбу?
— Да, я ви́жу, мо́жно. Сего́дня я почи́щу его́, положу́ в него́ лека́рство, а

послезавтра вы придёте ко мне ещё раз.
— Хорошо!
— 医生，我牙疼。
— 哪颗牙疼呢？
— 就是这颗。
— 这样。左下面第五颗。疼了很久了吗？
— 没有，今天早上开始的。
— 大概我们能治好它，也可能，不得不把它拔掉。
— 那能不能补上它？
— 是的，我看可以。今天我将把它清理干净，在里面放上药，后天你再到我这里来。
— 好的。

## Диалог 10

— Доктор, в последнее время у меня постоянно болит желудок. И сегодня я даже упал от боли.
— Будем вас обследовать. Нужно сделать рентген. Возьмите направление. Это на первом этаже. После этого зайдите ко мне ещё раз.
(Через два часа.)
— Результаты анализов крови и мочи нормальные.
— Доктор, по-вашему, что со мной?
— Рентгеновский снимок показывает, что у вас есть проблема.
— А именно?
— У вас начинается язва. Вы должны внимательно следить за питанием!
— Мне нужно принимать лекарства?
— Конечно. Утром и вечером. Принимайте лекарства вовремя! Приходите через пятнадцать дней на проверку.

— 医生，最近我的胃一直疼。今天疼得都摔倒了。
— 我们要对您进行检查。您需要做个 X 光片。请拿这张单子去做。X 光片室在一层，做完后再到我这儿来。
(两个小时后)
— 血和尿的化验结果是正常的。
— 医生，您看我是怎么回事？
— X 光片不正常。

— 那指的是?
— 您得了溃疡。您应该认真地关注一下饮食。
— 我用服药吗?
— 当然,早晚各一次,按时服药。过15天来复查。

## Диалог 11

— Здрáвствуйте, дéвушка!
— Здрáвствуйте, что вы хотúте?
— Посмотрúте, пожáлуйста, э́тот рецéпт. У вас есть э́ти лекáрства?
— Да, всё есть. Минýточку, я дам вам.
— Спасúбо! Скóлько с меня́?
— Всегó 400(четы́реста)рублéй. Платúте, пожáлуйста, в кáссу.
— Хорошó! Вот чек.
— Возьмúте лекáрства! Поправля́йтесь, пожáлуйста!
— Спасúбо, до свидáния!
— До свидáния!

— 您好,姑娘。
— 您好,您要什么?
— 请看一下这个处方。你们有这些药吗?
— 是的,都有。等一下啊,我给您拿。
— 谢谢。多少钱?
— 总共400卢布. 请到收款处交款。
— 好的。给您收款单。
— 这药给您。祝早日康复。
— 谢谢,再见。
— 再见。

## Диалог 12

— Скажúте, пожáлуйста, у вас есть чтó-нибудь от головнóй бóли и от кáшля?
— Есть! Ваш рецéпт?
— Да, посмотрúте, пожáлуйста.
— Э́ти таблéтки у нас есть. Онú хорошó помогáют при грúппе.
— Да, у меня́ грипп! Как принимáть э́ти таблéтки?

— По одной таблетке три раза в день после еды.
— Это безопасно для детей?
— О, прошу прощения. Это лекарство нельзя давать детям!
— Спасибо!
— Не за что!
— 你们有治疗头痛和咳嗽的药吗?
— 有,您有药方吗?
— 是的,请看一下。
— 这些药我们都有,它们治疗流感很有效。
— 对,我得了流感。这药怎么吃?
— 一天三次,一次一片,饭后吃。
— 这个对孩子是安全的吗?
— 哦,请原谅,您不可以给孩子用这种药。
— 谢谢。
— 不客气。

### Диалог 13

— Скажите, что у вас есть от головной боли?
— Анальгин. Тридцать один рубль в кассу.
— А это лекарство? Вот у меня рецепт.
— Это надо заказывать в рецептурном отделе.
— В рецептурном?
— Да. Второе окно направо.
— Спасибо!
— 请问,你们这里有没有止头痛的药?
— 有安乃近。请到收款处交 31 卢布。
— 有这种药吗? 这是我的药方。
— 这得到配方处去现配。
— 到配方处?
— 是的,右边第二个窗口。
— 谢谢。

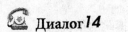
### Диалог 14

— Привет, как себя чувствуешь?

— После операции я чувствую себя уже лучше.
— Больно?
— Да так, иногда.
— Когда можешь выписаться из больницы?
— Доктор сказал, что через неделю можно вставать с постели и медленно ходить, но надо аккуратно принимать лекарства.
— Отдыхай хорошенько, это тебе фрукты и цветы. Желаю тебе скорейшего выздоровления!
— Спасибо!
— 你好,感觉怎么样?
— 手术以后已经感觉好多了。
— 疼吗?
— 不那么疼,有时候会疼。
— 什么时候可以出院?
— 医生说,过一个星期可以下地慢慢走,但是要按时服药。
— 好好休息,这是给你的水果和鲜花。祝你早日康复。
— 谢谢。

## Диалог 15

— Бабушка, что с тобой?
— Сегодня утром у меня кружилась голова и был быстрый пульс.
— А врач что сказал?
— У меня гипертония и повышенный холестерин.
— Это серьёзно?
— Может вызвать апоплексию и кровоизлияние в мозг.
— Как надо лечиться?
— Больше пить воды и есть фруктов и овощей. Ещё надо принимать лекарства. А самое главное то, что надо постоянно двигаться, больше гулять, ходить.
— Бабушка, хорошего тебе настроения, скорейшего выздоровления!
— Спасибо, мой хороший!
— 祖母,您怎么了?
— 今天早上我头晕,脉搏跳的很快。
— 那医生说您得了什么病?

## 第一部分：典型情景交流

— 我血压高，血脂高。
— 这个病严重吗？
— 可能会引起中风和脑溢血。
— 该怎样治疗呢？
— 应该多喝水，吃水果和蔬菜，还要吃药，最主要的是要坚持进行体育锻炼。
— 祖母，要让自己保持好的心情，早日康复。
— 谢谢，好孩子们。

## 第二部分：俄语情感语义"场"
—— 俄罗斯人如何表达情感

### Ⅰ. 表示请求与许诺
### Выражéние прóсьбы и обещáния

**注释**

在俄罗斯，如果跟生人提要求，首先要说"对不起（Извинúте!）"，然后再提要求。跟熟人讲话则可直接说出你的要求。

Извинúте! Нельзя́ ли вас побеспокóить? У меня́ к вам прóсьба... 对不起，我能否打扰您一下？我求您一件事……

Помогúте мне, хорошó? 请帮我个忙，好吗？

Моглú бы вы включúть свет? 请打开灯，好吗？

Вы не возражáете, éсли я закрóю óкна? 如果把窗户关上，您介意吗？

Éсли вам удóбно (не трýдно), я хотéл бы вас попросúть... 如果您方便的话，我想请您……

Мóжете ли вы ещё раз подрóбнее нам э́то объяснúть? 您能否再详细一点给我们讲一讲这件事。

Об э́том вам нýжно хорошó подýмать. 有关这件事，您要好好考虑一下。

Мне хóчется посмотрéть ваш инститýт. Могý я попросúть вас показáть мне его? 我想看一下您的学校。能请您领我参观一下吗？

Не могý ли я поговорúть с вáшим руководúтелем? 我可不可以和你们的领导谈一谈？

Прошý передáть привéт! 请转达问候。

Моглú бы вы помóчь мне купúть кóе-чтó? 你能替我买些东西吗？

Бýдьте добры́, купúте мне хлеб! 麻烦您给我买个面包。

Мне хотéлось бы попросúть вас вмéсте сня́ться на пáмять. 我想请您和我们

一起拍照留念。

Мы постара́емся дать вам отве́т, как мо́жно быстре́е! 我们争取尽快给你们答复。

Я обеща́ю никому́ об э́том не говори́ть. 我保证不和任何人说起这件事。

Мы обеща́ем, что в дальне́йшем подо́бной пробле́мы бо́льше не повтори́тся. 我们保证以后不会再发生类似的问题。

Я сде́лаю всё, что смогу́! 我会尽力而为。

Я обеща́ю сде́лать всё, что в мои́х си́лах! 我将竭尽全力帮助你。

## Ⅱ. 表达谢意 Выраже́ние благода́рности

Спаси́бо! 谢谢! Большо́е спаси́бо! 太谢谢了!

Благодарю́ вас. 多谢您了。

О́чень вам благода́рен. 非常感谢

Спаси́бо за то, что вы сде́лали для меня́! 感谢您所作的一切。

Спаси́бо за внима́ние. 多谢您的关照。

Прими́те, пожа́луйста, мою́ благода́рность. 请接收我的谢意。

Спаси́бо за ваш слова́рь. Он мне о́чень помо́г в перево́де. 谢谢您借我词典,在翻译中它帮了我大忙。

Благодарю́ вас за по́мощь (за подде́ржку, за забо́ту). 我感谢您给予我的帮助(支持,关心)。

Благодарю́ вас за то, что вы пришли́ (напо́мнили). 感谢您的光临(提醒)。

Спаси́бо за ва́ше приглаше́ние! 感谢您的邀请。

Ещё раз большо́е спаси́бо! 我再一次地感谢您。

У меня́ нет слов, что́бы вы́разить мою́ призна́тельность! 我无法表达我的感激之情。

Не зна́ю, как благодари́ть вас! 我真不知道如何来回谢您。

Спаси́бо вам за ваш прие́зд! 感谢您的光临。

Моя́ благода́рность безграни́чна, я бу́ду до́лго по́мнить всё то, что вы сде́лали для меня́! 我无限感激您,您为我做的一切我将铭记在心。

Спаси́бо за сотру́дничество! 感谢您的合作。

Спаси́бо за компа́нию. 感谢您陪我们一起。

Пожа́луйста! 没什么。

Не́ за что! 不用谢。

Не сто́ит! 不用谢。

На здоро́вье! 没什么！（非正式场合）

Мне э́то ничего́ не сто́ило. 对我来说这真的没什么。

Я о́чень рад, что мог вам помо́чь. 能对您有所帮助,我感到很高兴。

## Ⅲ. 表示同意或拒绝
### Выраже́ние согла́сия или отка́за

Моё мне́ние — согла́сен. 我的意见是同意。

Моё ли́чное мне́ние — я согла́сен. 就我个人的意见来讲,我同意。

У меня́ тако́е же мне́ние. 我也是这个观点

Э́того нельзя́ отрица́ть. 这无可否认。

С э́тим нельзя́ (невозмо́жно) не согласи́ться. 这一点无可辩驳。

Я уве́рен (уве́рена), что э́то так. 我相信是这样的。

Ра́зве мо́жно с ва́ми (с э́тим) не согласи́ться! 哪能不同意这事！

Про́тив э́того не возрази́шь. 这无可辩驳。

Я уве́рен, что вы пра́вы. 我相信您是对的。

Вы соверше́нно пра́вы! 您完全正确！

Ина́че и быть не мо́жет! 不可能是别的！

А как же ина́че? 还能是别的吗？

Я ве́рю вам. 我相信您!

В о́бщем, ты прав! 总的来说,你是对的。

Вы пра́вы в не́которой сте́пени. 您有一定的道理。

В при́нципе, мы согла́сны! 我们原则上同意。

Допу́стим. 姑且如此吧！

Пусть бу́дет по-ва́шему! 就算您说的对。

К сожале́нию, я до́лжен отве́тить отка́зом. 很抱歉,我必须回绝。

Я приде́рживаюсь друго́го мне́ния. 我持不同意见。

У меня́ на э́тот счёт друго́е мне́ние. 对于这点我有不同意见。

Я позво́лю себе́ не согласи́ться с ва́ми. 我对您的意见不敢苟同。

Бою́сь, мы не мо́жем удовлетвори́ть ва́шу про́сьбу. 恐怕我们满足不了您的要求。

Это о́чень любе́зно с ва́шей стороны́, но... 您的好意我心领了,但是……

Ничего́ но́вого. Остаёмся при пре́жнем мне́нии. 没有什么新的意见,我们还是原来的意思。

## Ⅳ. 表示气愤与厚骂
### Выраже́ние зло́сти и́ли обвине́ния и руга́тельства

Он вне себя́ от зло́сти. 他气坏了。

Она́ рассерди́лась. 她生气了。

Не выводи́ меня́ из себя́! 别惹我发火!

Отчего́ же ты на меня́ зли́шься? 你干吗朝我发火?

Так и на́до! 活该!

Прокля́тие! (Чёрт тебя́ побери́!)(Чёрт возьми́!) 真该死!

Пошёл вон! (Пошёл прочь!)(Убира́йся вон!) 滚开! 滚蛋!

Ерунда́! (Чепуха́!)(Вздор!) 胡说!

Како́й позо́р! 真丢人!

Как тебе́ не сты́дно! 你怎么也不害臊?

Это про́сто бессты́дство! 这简直是无耻!

Мне сты́дно за тебя́! 我真为你害羞!

Тако́й тип! Потеря́л да́же вся́кое чу́вство стыда́! 这家伙,一点儿羞耻心也没有。

Како́е безобра́зие! (Что за безобра́зие!) 岂有此理!

Чёрт зна́ет что тако́е! (Чёрт возьми́!)(Чёрт побери́!) 真见鬼!(该死!)

## Ⅴ. 表示怀疑与担心
### Выраже́ние сомне́ния и опасе́ния

Вы уве́рены? 您确信是这样的吗?

Это сомни́тельно. 这是令人怀疑的。

Ты э́то серьёзно говори́шь? 你说这话是认真的吗?

Вы, наве́рное, шу́тите. 您大概是在开玩笑吧。

Я сомнева́юсь в э́том. 我对此表示怀疑。

Всё это пока ещё под вопросом. 这一切暂时还有疑问。

Я боюсь, что... 我担心的是……

Пока трудно сказать, но... 目前还很难说,但是……

Случилось то, чего я боялся. 担心的事情发生了。

## VI. 表示安慰和同情 Выражение утешения и сочувствия

Я вам сочувствую. 我很同情你。

Надеюсь, нет ничего страшного. 但愿不出什么大事。

Не о чем беспокоиться! 没什么可担心的。

Не волнуйтесь, всё будет хорошо! 别担心,一切都会好的。

Мы обязательно что-нибудь придумаем! 我们一定会想出什么办法的。

Как я вас понимаю! 我非常理解您。

На самом деле всё не так страшно! 实际上,并不那么可怕。

Не расстраивайся! 请不要难过。

## VII. 表示希望 Выражение желания и надежды

Можно мне вы сказать свою точку зрения? 我可以发表自己的意见吗?

Я хочу/ Мне хочется / Я хотел бы / Я должен 我想……

На что ты надеешься? 你的希望是什么?

Я надеюсь на успех (на чудо, на лучшее, на скорейшее выздоровление). 我希望获得成功(出现奇迹,前景更好,尽快康复)

Был ещё проблеск надежды на победу. 还曾有过一线胜利的希望。

Это моя последняя надежда. 这是我最后一线希望。

Моя мечта (надежда) — ... 我的希望是……

Надеюсь, что мы будем успешно сотрудничать. 我希望我们的合作会顺利的进行。

У меня есть слабая надежда, что я сдам вступительные экзамены и поступлю в институт. 我考取大学的机会不是很大。

Надежды мало, что он выздоровеет. 他康复的机会不大。

У меня очень мало надежды на получение этой награды. 我获这个奖的希望很小。

Хорошо, если бы это бы ло так! 如果是这样就好了！

## VIII. 表示失望和遗憾
### Выражение разочарования и сожаления

Я совершенно разбит. 我十分丧气。

Его поступки меня разочаровали. 他的行为让我很失望。

Я в этом очень разочаровался. 这让我非常失望。

Я просто не верю, что все эти глупости сделала именно она. 我真不敢相信这是她干的。

Мы оставили всякую надежду... 我们完全没有希望了。

Я уже потерял всякую надежду. 我已经绝望了。

Последняя надежда мелькнула и угасла. 最后一线希望闪现了一下，也破灭了。

Как жаль! (Очень жаль!) 多么遗憾呀！Мне жаль! 我很遗憾！

Мне так жаль вас! 我为您感到可惜。

Как не повезло! 多不走运呀！

Какая неудача! 真倒霉！

Как мне не повезло! 我不走运！

Мне жаль, что так решили. 对这个决定我表示遗憾。

Мне жаль, что произнёс эти слова. 我很抱歉说了这些话。

Мне жаль, что она не пришла. 她没来，我很遗憾。

Жаль, что не могу вас сопровождать. 我很遗憾不能陪您。

Разрешите мне выразить вам своё сочувствие. 请允许我向您表示遗憾。

Жаль, что он ушёл. 很遗憾，他走了。

Жаль, что не могу пойти. 非常遗憾不能去了。

Мне очень жаль, что вам придётся рано уйти. 你必须早走，对此我感到遗憾。

Жаль, что вы не пришли вовремя. 很遗憾您不能按时到达。

## IX. 表示建议与劝说
### Выраже́ние сове́та или рекоменда́ции

О́чень рекоменду́ю... 推荐……

Могу́ предложи́ть... 建议您……

Я сове́тую... 我建议……

Вы должны́ уче́сть, что... 您们应当考虑到……

При́няли ли вы во внима́ние, что... 你们是否注意到……

Нам хоте́лось бы обрати́ть ва́ше внима́ние на то, что... 我们想提醒你们注意……

Э́то вас (не) устра́ивает. 这对你们(不)合适。

Погуля́л бы немно́го, подыша́л бы све́жим во́здухом! 去散散步,呼吸一下新鲜空气吧!

## X. 表示高兴与快乐 Выраже́ние ра́дости и весе́лья

Сего́дня у меня́ хоро́шее настрое́ние. 今天我心情很好。

Сего́дня я чу́вствую себя́ о́чень хорошо́. 今天我觉得我的心情很好。

Ты сего́дня прекра́сно вы́глядишь: здоро́в и ве́сел. 今天你气色看上去很好哇——健康快乐。

Она́ сего́дня бодра́ и весела́. 她情绪很乐观。

У него́ бы́ло о́чень ра́достное настрое́ние сего́дня у́тром. 今天上午他情绪很好。

## XI. 表示不幸与痛苦
### Выраже́ние чу́вства при неприя́тностях

Сего́дня у́тром у меня́ бы́ло плохо́е настрое́ние. 今天上午我的心情不好。

Мне сего́дня не по себе́. 今天我觉得心情不够好。

Я чу́вствую си́льную уста́лость. 我感到十分疲惫。

Сего́дня у тебя́ плохо́й вид. 今天你的气色不好。

Мне э́то о́чень не нра́вится. 这让我很不舒服

Кака́я неприя́тность. 真叫人不高兴。

Она́ о́чень расстро́илась. 她情绪不好。

У него́ тоскли́вое настрое́ние. 他感到非常郁闷。

Я не в ду́хе сего́дня. 我的情绪极低。

Сего́дня у́тром у неё ни на что́ не хвата́ло терпе́ния. （Сего́дня у́тром у неё не́ было сил терпе́ть э́то.）今天上午她真让人受不了。

## XII. 祝贺与祝愿 Поздравле́ния и пожела́ния

С пра́здником! 节日愉快！

С наступа́ющим пра́здником! 预祝节日愉快！

Поздравля́ю с защи́той дипло́ма! 祝贺毕业论文答辩成功！

С новосе́льем! 恭贺你们乔迁之喜！

Поздравля́ю вас с Междунаро́дным же́нским днём. 祝贺您妇女节愉快。

С днём рожде́ния! 祝您生日愉快！

С но́вым уче́бным го́дом! 祝您新学年愉快！

С оконча́нием сре́дней шко́лы! 恭喜你中学毕业！

С днём учи́теля! 祝您教师节愉快！

Жела́ю вам обо́им мо́ре сча́стья. 愿你们幸福快乐，天长地久。

В день ва́шей сва́дьбы поздравля́ем вас и жела́ем вам обо́им всего́ наилу́чшего! 致以我对你们婚姻真诚的祝福。

Поздравля́ем с помо́лвкой! 恭喜你们订婚！

Выздора́вливай скоре́е! 早日康复！

От всех нас прими́ пожела́ния уда́чи на но́вой рабо́те. 我们祝你在新工作中一切顺利。

Поздравля́ем с рожде́нием ребёнка! 恭喜您喜添贵子（千金）。

Будь у́мником / у́мницей! 祝愿你越来越聪明！

Пусть тебе́ повезёт! 祝你好运！

Вам то́же жела́ю сча́стья! 也祝您幸福！

## XIII. 送礼 Даре́ние / Пода́рки

Прими́те мой (скро́мный) пода́рок. 请接受我的(微薄)的礼物。
Вот тебе́ (мой) пода́рок. 这是(我)送给你的礼物。
Дарю́ тебе́ кни́гу на па́мять. 送你一本书做纪念。

## XIV. 祝酒词 Тост

俄罗斯人祝酒礼仪：

按照俄餐礼仪，无论是官方宴会，还是私人宴席，在喝酒之前都要先致祝酒词。在官方宴会上，通常有举办者首先祝酒。而在私人宴席上，多数是有一位"主持人"担任这一角色，也可以是由主人指定的某位男士，他不但要致祝酒词，还要安排其他人祝酒，以及调动气氛、活跃餐桌气氛。宾客中如果有长者或老人，主持人则应让长者或老人先致祝酒词。有人祝酒时，在场的其他人应暂停进食、交谈、抽烟等一切活动，注意聆听，以表示尊重。喝酒时是否需要碰杯，这一点根据具体情况而。总的来说，在俄罗斯碰杯喝酒现在已经不太流行。在喜宴上可以碰杯的方式表示庆贺，而为追掉亡者的酬客宴上则不能碰杯。男士与女士碰杯时，其杯位要略低于对方。碰杯之后，喝多少全凭自己的意愿而定。不过，在为新婚夫妇、过命名日的人、过周年纪念的人、新生儿等受贺者干杯时，则应一饮而尽。在某些喜庆的宴席上，我们还可以看到一些固定的祝酒礼仪，如在婚宴上，祝酒者带头大喊"苦啊"（Го́рько！），在场的所有人便会齐声附和，这时新郎和新娘就要当众接吻；再如在新年夜宴上，在新年钟声敲响之际，大家齐举香槟，互祝"新年快乐"（С но́вым го́дом！）。

Разреши́те (позво́льте) предложи́ть тост за здоро́вье! 请允许我为健康而举杯祝酒。
Пе́рвый тост мне бы хоте́лось предложи́ть за успе́шное сотру́дничество! 我想为我们合作的成功干第一杯酒。
Дава́йте вы́пьем за то, что́бы... 让我们为……而干杯！
Я поднима́ю бока́л за... 我要举杯为……干杯！
За (ва́ши) успе́хи! 为(您)取得的成绩(干杯！)；
За новобра́чных! 为新婚夫妇(干杯！)；

За хозя́йку! 为女主人(干杯!);
За на́шу встре́чу! 为我们见面(干杯!);
За на́шу дру́жбу! 为我们的友谊(干杯!);
За на́ше сотру́дничество! 为我们的合作(干杯!)。